Basics of finance

これだけは知っておきたい

「金融」の基本と常識

改訂版

社会人として身につけておきたい金融知識を網羅！

◉株・為替・金利・債券・国債・信託・財政などマネーの動きがわかる！
◉先物取引・オプション取引、商品ファンドまで高度化した金融がわかる！
◉NISA・フィンテック・仮想通貨・確定拠出年金など最新金融がわかる！

金融アナリスト
永野良佑【著】

フォレスト出版

◉──はじめに　金融の基本的な仕組みは、難しくない！

この本を手に取っていただき、ありがとうございます。

あなたが、本書を少しでも読んでみようと思われたのは、

「金融の知識が、仕事で必要」
「株・投資など資産運用に興味がある」
「今さら、もう人には聞けない」
「デリバティブとか、ETFとかを知らない」
「ニュースや新聞を見ていても、わからないことがある」
「住宅ローン、保険、年金などを利用している」

そんなことを思われているからだと思います。

そうだとすれば、あなたの行動は正しいものです。というのも、**今のビジネスパーソンにとって必要な知識は「金融」**だからです。現代の世界は、モノやサービスの動きだけでは説明できない、「**マネー経済**」の様相がきわめて強いのです。

「マネー経済」というのは、お金だけで市場が動き、モノやサービスの売り買いではなく、株式や債券、外国為替や仮想通貨の取引などによって世界経済が動いているということです。

現実にテレビや新聞に目を移せば、M&A、TOB、金融政策、仮想通貨交換業者などの話題が飛び交っています。会社一つひとつの数字に目を移してみても、投資や運用などにおける損益の存在も大きくなってきています。

さらに、住宅ローン、保険、年金など、今や**生活と金融は密接な関係にある**のです。

いかがでしょうか？

金融を知ることの重要性がわかっていただけたでしょうか？

本書では、図解を用いながら、最新の金融をわかりやすく解説しています。

実際には、金融は奥深いものです。すべてを知るためには高度な数学や複雑なコンピュータによる計算を行ったりする必要があります。

しかし、すべてを知る必要はありません。

あなたが知らなければいけない「金融の仕組みの基本」は、決して難しいものではないのです。

本書の構成を紹介します。

第1章では、**「金融がそもそも何なのか」**ということを見ていきます。**お金の役割、為替**とはどういうものか、**国の財政、地方の財政**など、お金がどのように回っているかを紹介します。

第2章では、**「市場と金利」**について見ていきます。金融の世界には常に**市場**というものが存在します。市場、そして**金利**とは何なのかを紹介します。

第3章では、**「債券」**について見ていきます。**債券**がどういったものか、**国債の役割**はどんなものか、債券にはどんな種類のものがあるかなどについて紹介します。

第4章では、**「株・為替・信託」**について見ていきます。**株価の仕組み、信用取引**とは何か、**円安・円高**とは何なのか、**原油価格と株価の関係、信託**とはどういうものか、**証券化、J-REIT**とは何なのかなどを紹介します。

第5章では、**「高度化している金融」**について見ていきます。**デリバティブ**とは何か、**先物取引**や**オプション**が何なのか、**ETF**とは何か、**ファンド**とは何か、**ヘッジ・ファンド**とはどういったものなのかなどを紹介していきます。

第6章では、**「身近にある金融」**について見ていきます。**保険**が金融的にどういうものか、**ノンバンク**や**リース会社**がどういったものかを紹介します。

本書では、金融における基本的なことがわかるように紹介してあります。この本をきっかけに、あなたが金融の知識を身につけ、世の中のお金の流れが見えるようになることを願っております。

永野　良佑

これだけは知っておきたい

「金融」の基本と常識

改訂版

目次

はじめに …… 3

第1章 金融の基本について考えよう

1 お金には、どんな役割があるの? …… 22
↓交換の手段、価値の尺度、価値の保存の手段となる

2 なぜ、お金には価値があるの? …… 24
↓国や中央銀行(日本銀行)が「価値がある」というから価値がある

3 「インフレ」って何だろう? …… 26
↓お金とモノとの関係で、お金の価値が下がり続けること

4 そもそも「為替」って何だろう? …… 30
↓本来の意味は、お金を遠くに運ぶ手段のこと

5 「送金」は実際には何が行われるの? …… 34
↓日本銀行の口座間で数字の付け替えがされている

6 そもそも「金融」って何だろう? …… 38
↓お金を他人に使わせてあげるために融通すること

7 マクロ経済的に「お金を借り、使う人」は誰だろう？……40
↓経済全体では「企業」と「政府」がお金を借りて使っている
8 経済全体で「お金を貸す人、運用する人」は誰だろう？……44
↓マクロ的に見ると「家計」がお金を出して、運用している
9 私の預貯金は、本当に安全なの？……48
↓外貨預金以外の個人向けの預貯金は一〇〇〇万円まで保護されている
10 「直接金融」ってどんなもの？……52
↓金融機関を通さずにお金のやり取りをすること
11 「財政」って何だろう？……54
↓政府によるお金の運用の仕方。多くの国が財政赤字を抱えている
12 地方財政はどのように運営されているの？……56
↓歳入は税金の他、国からの交付金も多い
13 財政は金融・経済とどんな関係があるの？……58
↓「税金」を増やして「消費」を減らすなどの影響を与えられる
14 政府は税金だけでお金が足りるの？……62
↓国の財政も地方公共団体の財政も赤字。債券発行で資金調達する

15 「マネー・ロンダリング」って何だろう？……66
非合法に得たお金を、銀行が扱えるように「洗濯」すること

column 「ESG」って何だろう？……68

第2章 金融における「市場」と「金利」

1 「市場」って何だろう？……70
多くの人の意向を反映して価格が決まる場を「しじょう」という

2 市場での価格はどう決まるの？……72
市場とは「公開オークションの場」。需要と供給で価格が決まる

3 「金利」って何だろう？……76
お金が持つ価値の貸借の「賃借料」のこと

4 なぜ、金利は変化するの？……80
金利はその時々の「お金のレンタル」に対する需給関係で変動する

5 金利の市場ってどんな取引をしているの？……84
金融機関が資金の過不足を調整する市場。融通する資金の金利が決まる
6 日本銀行の「金融政策」って何をするの？……86
物価の安定を目指して、公開市場操作などを行っている
7 金利って期間に関係なく同じなの？……90
一般的には期間が長いほど金利が高くなる傾向がある
8 金利とインフレ率にはどういう関係があるの？……92
「（名目）金利＝実質金利＋（期待）インフレ率」という関係を覚えよう
9 「マイナス金利政策」って何だろう？……94
日銀が金融機関からの預金の金利をマイナスにする政策
column 「コーポレートガバナンス・コード」って何だろう？……96

第3章

債券について見てみよう

1 債券投資の利回りって、何が回っているの？……98
⇩投資金額（元本）に対する実質的な利息を、年率で表したものが利回り

2 国債の利回りは、なぜ変動するの？……102
⇩国債の利回りは、世の中のお金の需給関係を反映している

3 個人向け国債は、その他の国債とどう違うの？……104
⇩機関投資家は購入できず、あくまでも個人向け

4 国債は安全なものなの？……106
⇩理屈の上ではデフォルトもあり得るが、心配してもしょうがない

5 個人向け国債にはどんなメリットがあるの？……110
⇩投資リスクが比較的低く、少額投資が可能

6 地方公共団体も債券を発行するの？……112
⇩財政赤字を埋めるには地方債を発行するなど借金するしかない

7 会社も債券を発行するの？……114
⇩会社法で発行手続きが決められた社債で資金調達できる

8 債券の発行者の信用度ってどうすればわかるの？……116
信用格付けを見ることで、一つの目安になる
9 「格付け」って誰が決めているの？……118
複数の民間格付け会社が、それぞれ独自の基準で決め、発表している
column 「GPIF」って何だろう？……120

第4章 株・為替・信託について見てみよう

1 「株式」って何だろう？……122
株式は株式会社の持ち主である権利。株券はそれを表す証券
2 「上場」って何だろう？……124
取引所という公の場で取引されるようにすること
3 なぜ、株価は上がるの？……128
市場に「株価が上がる」と思う人が多ければ、上がる

4 証券会社の役割って何だろう？ …… 132
➡証券会社は、あくまでも投資家（顧客）と取引所とのつなぎ役

5 「証券取引所」って何のためにあるの？ …… 134
➡株式などの証券の取引が円滑になるよう、市場が開設されている

6 「信用取引」って何だろう？ …… 136
➡お金や株を持っていないときでも、お金や株を借りて取引できる

7 「NISA」って何だろう？ …… 138
➡一定額までの株や投信への投資で得た利益が、非課税となる制度

8 「外国為替市場」って何を取引しているの？ …… 140
➡一ドル札など「お札を取引している」と考えればわかりやすい

9 「円安・円高」って何だろう？ …… 142
➡円の価格が下がってドルの価格が上がれば「円安・ドル高」

10 外国為替の取引はどのように行われるの？ …… 144
➡銀行などが「売りたい価格」と「買いたい価格」を提示して、顧客と取引する

11 「FX」って何だろう？ …… 148
➡手もと資金の何倍もの額の、外国為替の取引ができる

12 取引で「売りから入る」ってどういうこと？……152
「高いときに売って、安くなったら買い戻す」という金融取引
13 なぜ、原油が上がると株価が上がるの？……154
原油価格が上がるとインフレの要因となり、株価も上がると考えられる
14 「円キャリー・トレード」って何だろう？……156
円を借りて、外貨建ての資産を購入する取引方法
15 「信託」って何だろう？……158
財産を「頑丈な箱」に入れて、管理・運用すること
16 信託で委託者は受託者を兼ねられるの？……160
委託者が受益者になることは一般的で、受託者になることもできる
17 「事業の信託」って何だろう？……162
会社の資産だけでなく、負債もまとめて信託する
18 「証券化」って何だろう？……164
お金にしにくい資産を有価証券の形にして、売買しやすくすること
19 投資信託にはどんなメリットがあるの？……166
分散投資ができ、運用をプロが行ってくれる

20 投資信託における「信託」って何だろう？……168
お金・証券を信託銀行が保管し、運用はプロが行う

21 「J-REIT」って何だろう？……170
不動産投資会社の株式を買うこととほぼ同じ

22 「サブプライムローン問題」って何だろう？……172
返済能力の低い人向けの住宅ローンが、不良債権化

23 「リーマン・ショック」って何だろう？……174
米国の一投資銀行の経営破綻を契機に、世界規模で金融危機が起こった

column 「スチュワードシップ・コード」って何だろう？……176

第5章 高度化する金融の中身を見てみよう

1 「デリバティブ」って何だろう？……178
先物取引、オプション、スワップなどの金融派生商品

2 「先物取引」ってどんな取引？ …… 182
将来の定められた時点で、特定の商品を数量・価格で取引する

3 「オプション」ってどんな取引？ …… 186
「取引をする権利」というモノを取引する

4 「コール・オプション」「プット・オプション」って何だろう？ …… 188
コールは買う権利で、プットは売る権利のこと

5 オプションの価格はどう決まるの？ …… 190
オプション自体が売買されていて、上場されているものもある

6 「金利スワップ」って何だろう？ …… 194
同じ通貨の固定金利と変動金利を交換する取引

7 「通貨スワップ」って何だろう？ …… 198
異なる通貨の変動金利を交換する取引

8 商品先物の「商品」って何だろう？ …… 202
金や原油など目に見えるモノで、相場が立っているもの

9 「ファンド」って何だろう？ …… 204
他人のお金を集めて運用することの総称

10 「ETF」って何だろう？…… 206
証券取引所に上場されて売買される投資信託
11 「商品ファンド」って何だろう？…… 208
利息や配当金がない分、売買益を狙うファンド
12 「ヘッジ・ファンド」って何だろう？…… 210
借り入れを利用して、相場を張る人たちのこと
13 「フィンテック」って何だろう？…… 212
最新のテクノロジーをファイナンスに活用して新たなサービスを創出
14 「クラウド・ファンディング」って何だろう？…… 214
主にインターネットを使い、少額を多数から集める資金調達の仕組み
15 「電子マネー」って何だろう？…… 216
チャージなどにより、電子マネー運営者に預けたお金で支払いをする
16 ビットコインなど「仮想通貨」って何だろう？…… 218
政府・中央銀行が価値を認めた通貨ではない

第6章

日常における金融を見てみよう

1 「生命保険」って金融なの？ …… 224
➡預かった保険料を運用して返す、金融の役割を果たしている

2 「変額保険」って何の額が変わるの？ …… 228
➡運用の結果次第で、受け取る保険金の額が変わってくる

3 「損害保険」って金融なの？ …… 232
➡生命保険と同様に、預かった保険料を運用して保険金を支払っている

4 「再保険」って何だろう？ …… 234
➡保険会社が使う保険のこと

5 「企業年金」って何だろう？ …… 236
➡公的年金に上乗せする形で、福利厚生として会社が社員に支給する

6 「確定拠出年金」って何だろう？ …… 238
➡拠出額は決まっているが、給付額は加入者の資金運用の成果により増減

7 「ローン」って何だろう？ …… 242
➡担保や、借り入れる人の信用力をもとにお金を貸す

8 「信販会社」って何だろう？……244
↓本来は信用販売をする会社
9 「ノンバンク」って何だろう？……246
↓銀行ではない。預金は集めず、融資のみ行う
10 「リース会社」はノンバンクなの？……248
↓お客に融資をしているのと同じ
索引……250

本書の内容は2018年3月時点の情報をもとに作成しています

◆装丁／富永三紗子
◆編集協力／有限会社クラップス
◆DTP／田中由美

第1章

金融の基本
について考えよう

1 お金には、どんな役割があるの？

交換の手段、価値の尺度、価値の保存の手段となる

◉――お金には三つの機能がある

お金があると、物々交換の弱点である「交換相手がいるかどうかわからない」という点が簡単に解消できます。お金があれば何でも買うことができますから、自分の持っているモノはとりあえずお金に交換する、つまり売ってしまえばいいのです。

お金のこの機能のことを、一般的に「**交換の手段**」といいます。

また、交換の手段となるということは、すべてのモノについて、お金を軸として価値が計られることになります。

お金のこの機能のことは「**価値の尺度**」といいます。

また、一般的な意味では、お金は腐りません。

ナマモノであれば腐ったり、味が変わったりするので、将来の交換のために保存しておくことは、必ずしも簡単ではありません。ところが、お金であれば、使うあてがないものは保存（保管）しておいて、必要に応じて使うことができます。

お金のこの機能のことを「**価値の保存の手段**」といいます。

お金が持つ3つの機能とは?

お金の機能① **交換の手段となる!**

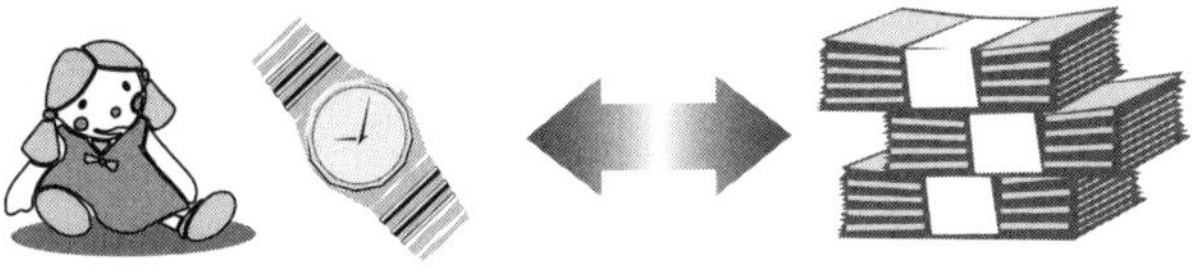

お金の機能② **モノの価値がすぐにわかる!**

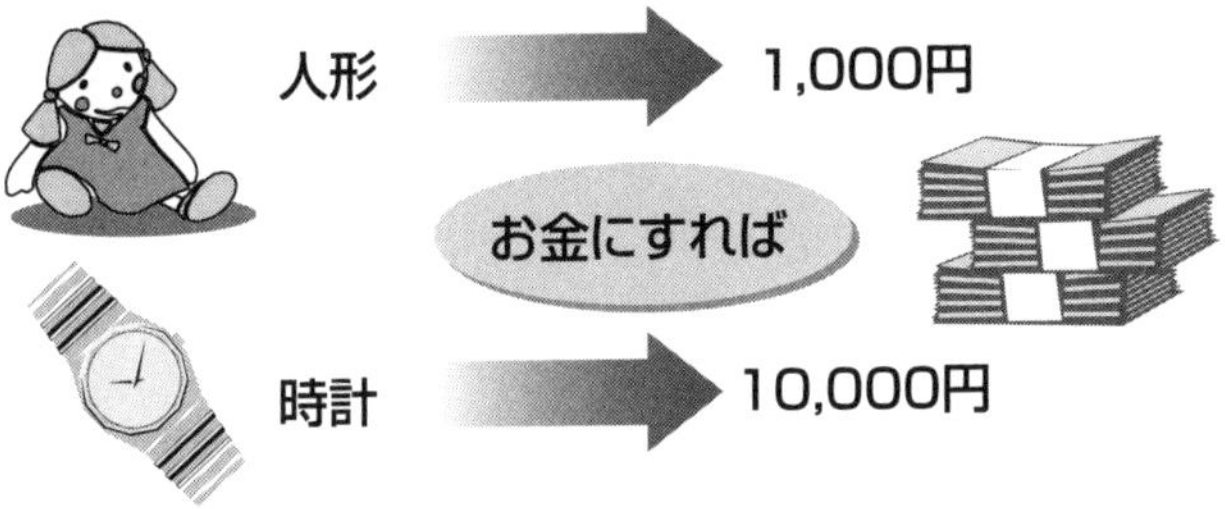

お金の機能③ **壊れない、腐らない保存がきく!**

腐る

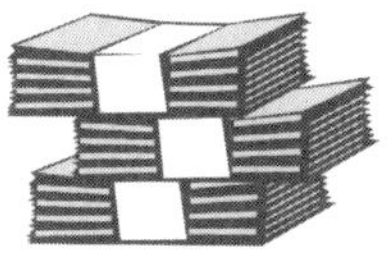

保存できる!
(腐らない)

2 なぜ、お金には価値があるの？

国や中央銀行（日本銀行）が「価値がある」というから価値がある

◉――一万円札に、一万円の価値はない？

一万円のお札自体（紙）には一万円の価値はありませんし、五〇〇円玉も金属の価値は五〇〇円もありません。また、一万円札をお役所に持っていっても、金や銀との交換が保証されているわけではなく、一万円札には物理的な「価値の裏付け」はないのです。

では、一万円札は、なぜ一万円の価値があるとして通用するのでしょうか？

「国・中央銀行が、そういっているから」というのが理由です。

国が、公務員の給料や公共事業の代金を、全部現金で払うと考えればわかりやすいでしょう。二五万円の給料として一万円札二五枚を受け取る公務員が、二五万円もらったと納得する唯一の理由は、政府が一万円札の価値について嘘をいうはずがないという信頼からです。

同様に、公共事業の代金として一億円を受け取ったゼネコンが、実際に一億円受け取ったと考えるのも、政府が支払ったものだからです。

国は、紙幣や硬貨の偽造対策を行っています。その理由は、お金の価値の源である国・中央銀行（日本銀行）に対する信頼を守るためなのです。

お金の価値とは?

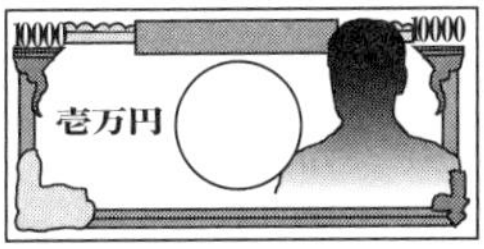

1万円札だが…

1万円の価値があるかは、わからない!

なぜ、1万円の価値で通用するのか?

国・中央銀行がそういっているから!

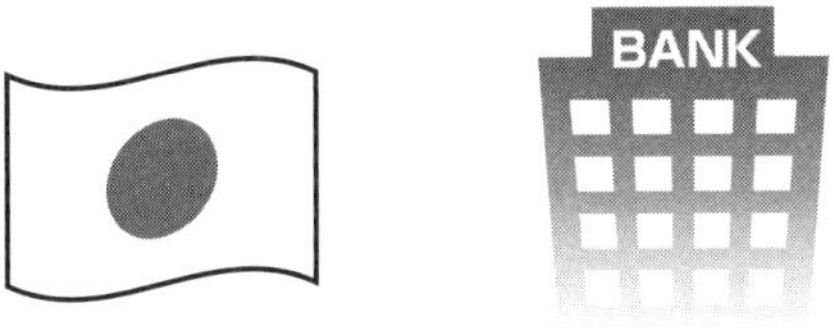

3 「インフレ」って何だろう？

お金とモノとの関係で、お金の価値が下がり続けること

◉――インフレとは、物価が上がり続けること

インフレとは「インフレーション」のことで、一般的には**物価が上昇を続けること**を指します。

物価とは「モノ（物）」の「価格」のことで、生活費とほぼイコールと考えられるものです。日本では、たとえば第一次石油ショックのあった一九七四年のインフレ率は二三％でした。これは、月一〇万円で暮らしていた家族の生活費が、一年後には月一二万円を超えたことを意味します。

◉――なぜ、インフレが発生するのか？

インフレは、長い間、人類を悩ませてきて、その原因の解明や防止策の発見が完全にできているわけではありません。

一般的には、原材料や賃金の上昇によってモノの価格が上がってしまう「**コスト・プッシュ**」、モノに対する需要（買いたい人）が増えてモノの価格が上がってしまう「**ディマンド・プル**」が指摘されます。

¥ インフレ、デフレとは?

インフレ(インフレーション)

- お金の価値が下がる(モノの価格が上がる)
- 経済が好況のときに起きやすい
- お金の価値が下がるため、企業も個人もお金を貯蓄に回さなくなる

※ハイパーインフレとは?
ハイパーインフレとは、国家破産ともいえる過度のインフレ。国家財政などが極度に悪化すると、その国の通貨に対する信頼が失墜し、通貨が暴落することで、物価が数倍以上に跳ね上がること

デフレ(デフレーション)

- お金の価値が上がる(モノの価格が下がる)
- 経済が不況のときに起きやすい
- モノの価格が下がるため、企業も個人もお金を使わず、貯蓄するようになる

※デフレスパイラルとは?
デフレによってモノの価格が下がり始めると、お金がモノに使われなくなる。それにより、企業の経営は悪化し、コストカットやリストラが発生。人々はお金を使わなくなり、ますますモノが売れないという、悪循環が生まれること

これらが起こらないように
金融政策がある!

◉——金融的にはインフレは「お金の価値」の下落

もっとも、「金融」という視点からすると、インフレとはモノの価格が上がることではなく、**「お金の価値」が下がること**と考えられます。

というのも、モノの価格とは、モノとお金の交換です。同じモノと交換するのに、今まで以上にお金が必要になる、つまり交換比率が悪くなっているということは、お金の価値が下がっているからです。

お金の価値が下がると考えると、インフレの原因は「お金」に対する権威や信頼の失墜なのです。

¥ コスト・プッシュ、ディマンド・プルとは？

インフレとは？

モノの価格が上昇を続けること
お金の価値が下がること

なぜ、インフレは起こるのか？

コスト・プッシュ → 「コスト・プッシュ・インフレーション」と呼ばれる、原材料費や賃金の上昇が原因で生じるインフレ

ディマンド・プル → 「ディマンド・プル・インフレーション」と呼ばれる、景気の過熱が原因で、総需要が総供給を超えることによって生じるインフレ

お金の価値が下がるということは
その国のお金に対する信頼の失墜

4 そもそも「為替」って何だろう？

本来の意味は、お金を遠くに運ぶ手段のこと

◉——現金を預けて「預かり証」を発行してもらう

銀行の業務になじみがない人が「為替《かわせ》」という言葉を聞くと、「外国為替」のことを思い浮かべるでしょう。そして、外国為替という言葉からは、一ドル＝一二〇円といった「外国為替相場」、つまり、一つの国のお金で、別の国のお金を売買するときの交換比率（価格、値段）のことを考えるに違いありません。

しかし、もともとの為替というのはそんなに格好いいものではなく、生活の知恵から生まれた「**お金を遠くに運ぶ手段**」なのです。

東京から大阪に一億円運ぶことを考えてみましょう。一億円を現金で持ち歩くのは危険ですし、一〇〇万円の札束一〇〇個となると、重さも結構なものになります。

こんなとき、東京にも大阪にも店舗のある金融機関があると便利です。なぜなら、東京の店舗に一億円預けて「預かり証」を発行してもらい、その預かり証を大阪に運べばいいのです。その預かり証を受け取った人は、今度は、同じ金融機関の大阪の店舗に行けば、一億円の現金を受け取ることができます。

為替とは?

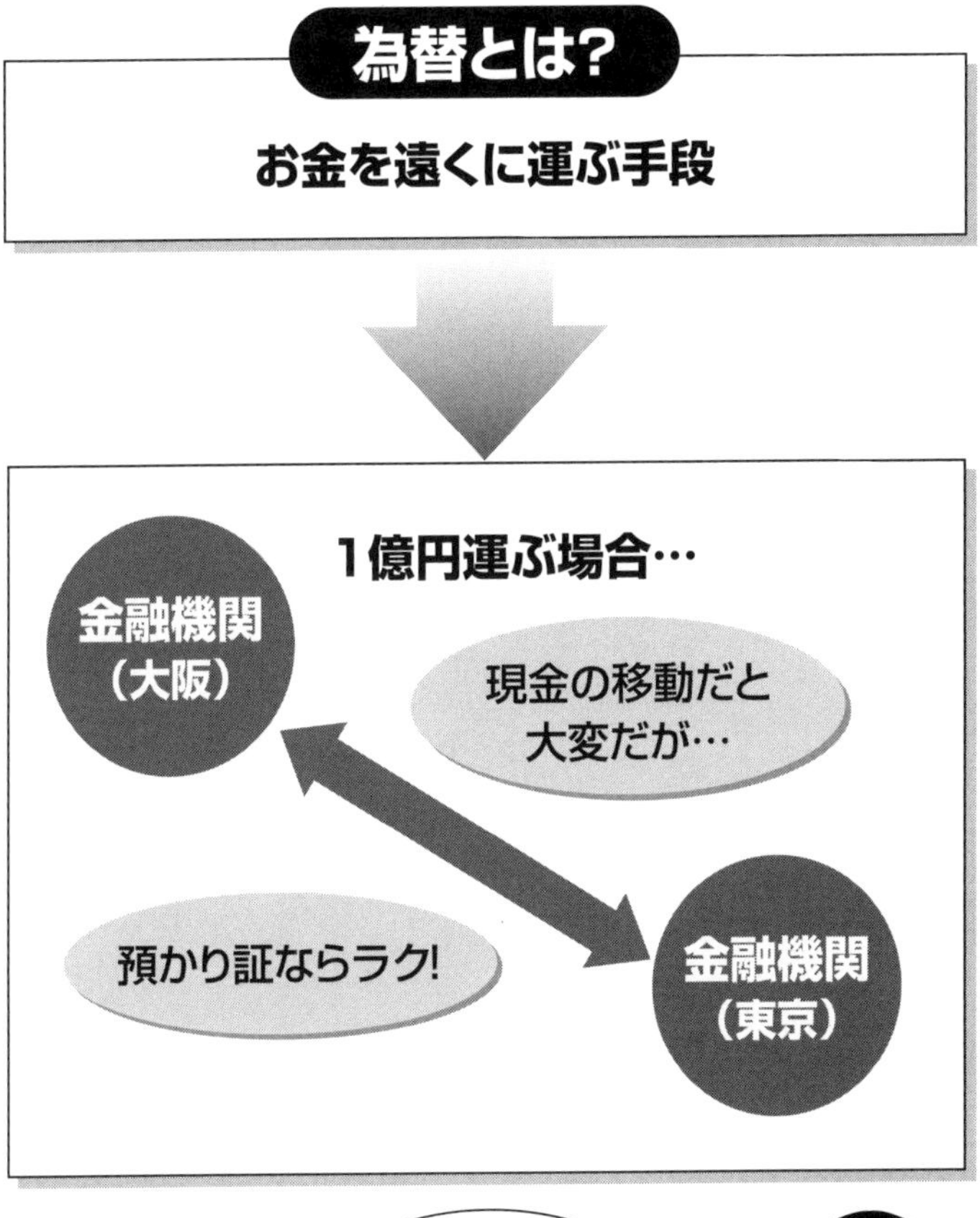

為替とは?
お金を遠くに運ぶ手段
1億円運ぶ場合…
金融機関（大阪）
現金の移動だと大変だが…
預かり証ならラク!
金融機関（東京）

為替とは、お金の移動のことです

こんなことができる理由は、この金融機関が東京にも大阪にも店舗があるうえ、どちらの店舗にもたくさん現金を持っているからです。

仮に、大阪の店舗には現金がないとすると、東京の店舗から大阪の店舗に現金を輸送しなくてはならないので同じことになりますが、金融機関の規模が十分に大きくなると現金をわざわざ運ぶ必要がなくなるのです。

為替本来の意味は、金融機関による「お金を運ぶ」役割を指すものでした。外国為替も本来はその延長で、国境を越えてお金を輸送する手段のことなのです。

◉――小切手と約束手形

為替の手助けとなるのが、**小切手**と**約束手形**です。

小切手とは「私の預金口座から○×円引き出していいですよ」という書面です。

日本では、私たち一般人が小切手を使うことはまずありませんが、アメリカではまだまだ支払いの手段として一般的に用いられています。

約束手形とは「将来の一定の日に、決められた金額を支払いますので取りに来てください」という書面です。

約束手形は、現金での支払いの代わりに使われるという点で小切手と似ていますが、支払いが将来でいいという点で違い、いわば借金の一種です。

なお、支払う人の口座にお金が不足する状態のことを「不渡り」といいます。

為替の手段には手形、小切手などがある

手形
（約束手形）

ある一定の時期までに
支払うことを約束する
有価証券

約束の期日に支払えないと
「不渡り」となる

小切手

多額の現金の場合
支払う側も受け取る側も
キケン

小切手を現金の代わりに

その他、電子決済や電子マネーなど
為替の手段も進化している！

5 「送金」は実際には何が行われるの？

日本銀行の口座間で数字の付け替えがされている

◉──同じ銀行間の送金は「帳簿上の操作」だけでいい

同じ銀行の、同じ支店の中で、資金を動かすのは簡単です。その支店という単位で見ると、現金が動かないからです。

「Aさんの口座」から「Bさんの口座」に一〇万円「**送金**」する場合で考えてみます。銀行は、Aさんの口座の残高を一〇万円減らし、Bさんの口座の残高を一〇万円増やすという「帳簿の上」での操作をするだけでよく、実際に現金を動かす必要はありません。

それでは支店が別で、Aさんが口座を持つ支店は北海道、Cさんが口座を持つ支店は沖縄、というような場合はどうでしょう？

この場合、同じ銀行ということであれば、先ほど見た「為替」の感覚と同じになることに気づくでしょう。つまり、この銀行全体から見ればお金が動きません。

つまり、Aさんの口座の残高を一〇万円減らして、Cさんの口座の残高を一〇万円増やすという作業が、支店レベルではなくて、銀行全体のレベルで行われます。

¥ 送金で実際に行われていることは?

同じ銀行の同支店内・別支店同士だと…

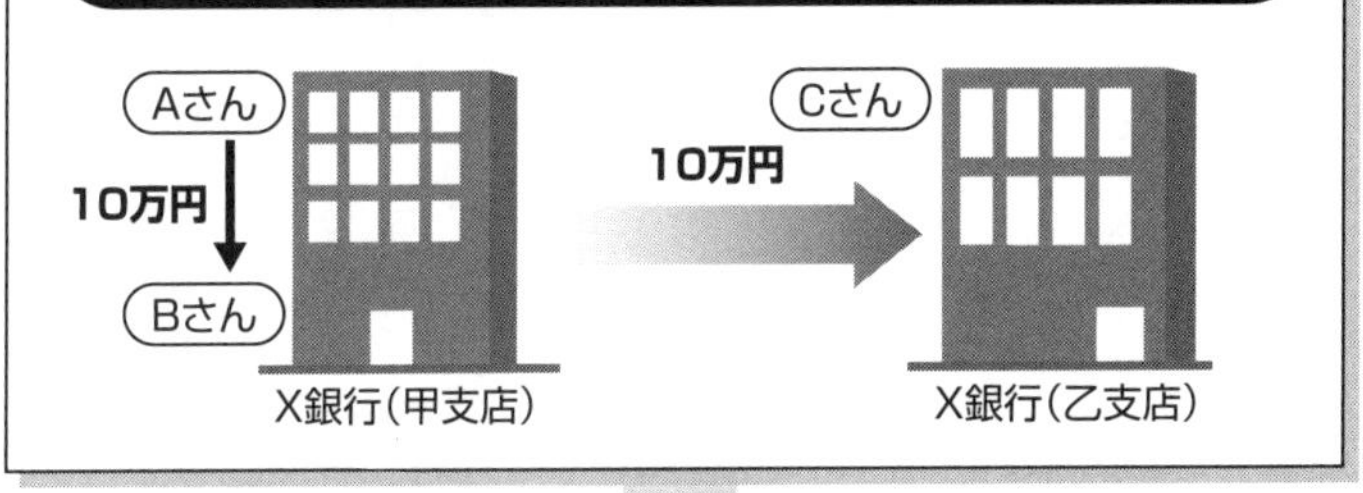

すべて「帳簿上の操作」をするだけ!

別の銀行に送金すると……

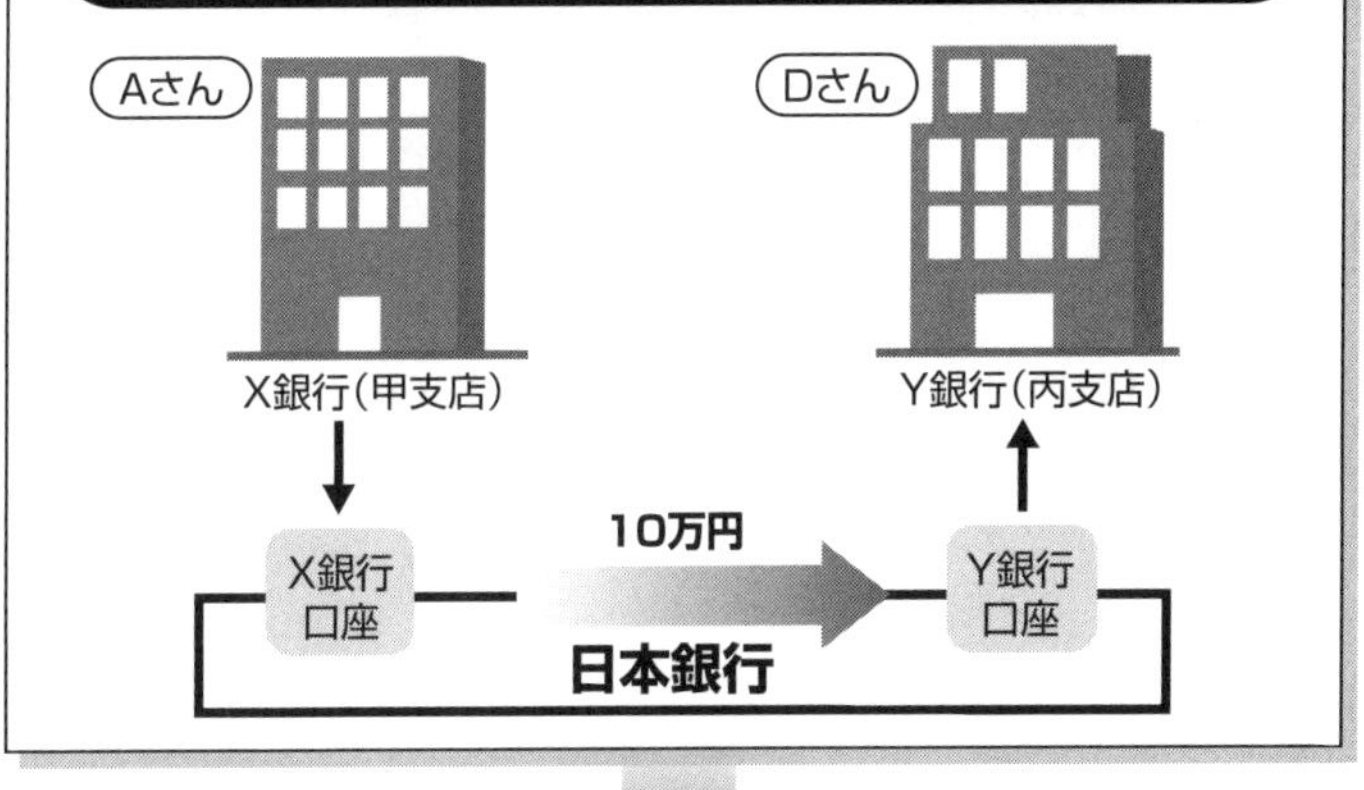

送金では、数字の付け替えが行われている!

次は、Aさんが、別の銀行に口座を持つDさんに送金する場合にはどうなるでしょう？
銀行が違うということは、どちらかの銀行から資金がなくなり、どちらかの銀行に資金が増えることになるので、帳簿の上の操作では終わらず、実際に現金が動くような気がします。その感覚は正しいのですが、実際に現金が動くことはありません。

◉——日銀は「銀行の銀行」

日本の銀行は、日本銀行（日銀）に必ず口座を持たなくてはいけません。

そして、銀行間の資金のやり取りは、各銀行が持っている日銀の口座間の帳簿の上の操作で終わらせることになっているのです。

右の例でいえば、Aさんが口座を持っている銀行の「日銀に持っている口座」の残高が一〇万円減り、Dさんが口座を持っている銀行の「日銀に持っている口座」の残高が一〇万円増えることになるのです。

日銀のこの役割を**「銀行の銀行」**と呼びます。

また、銀行同士がこのような形で資金のやり取りをすることで、銀行以外の人たち、つまり、右で見たAさん〜Dさんが、送金や資金の受け取りをきちんとできるようにすることを「決済システム」と呼びます。決済システムは、銀行が果たす大切な役割なのです。

¥ 銀行間の資金のやり取りはどう行う？

銀行のルール

メガバンク（≒都市銀行）

地方銀行　ネット銀行

日本の銀行は、日本銀行（日銀）に
必ず口座を持たなくてはいけない

↓

これにより…

銀行間で資金をやり取りするときは
各銀行が日銀に持っている口座間の
「帳簿の上」の操作を行う

日銀は「銀行の銀行」！

日銀は、銀行同士が
資金をやり取りするための
決済システムを
提供しています

6 そもそも「金融」って何だろう？

お金を他人に使わせてあげるために融通すること

◉――金融とは、カネ（金）の融通のこと

金融とは、お金と関係する世界で、字面どおり「お金を融通し合う行為」の総称です。

「融通」は、日常生活ではあまり使わない表現ですが、「融通する」とは自分の持っている余地や余裕を「他の人に利用させてあげる」ことなのです。

つまり「お金を持っている人」が、そのお金を他人に利用させてあげる、というのが金融の本質です。

◉――広い意味での金融の役割とは？

モノの製造やサービスの提供は、結局のところ「お金」という形での対価を得るための手段といえます。つまり、モノ作りやサービスを提供するという「経済活動」の裏側には、常にお金が流れています。

狭い意味での金融の役割は、「経済活動に伴うお金の移動が、スムーズに行われる」ことです。

ところが、人や企業がお金のために経済活動を行っているとすると、経済活動の結果として、他人よりも多くのお金が入ってくる人が出てきます。

また、他人より多いかどうかはともかく、すぐに使うあてのないお金がたまる人もいるでしょう。当面使い道のないお金は、さらに増やしたいのが人情です。

このとき、モノを作ったりサービスを提供したりというのとは違う、「お金がお金を生む」世界が出現します。

お金がお金を生む仕組みそのもの、およびその仕組みの整備というのが、広い意味での金融です。

「投資」はその代表的なもので、持っているお金をどうやったら増やせるかに関心があるものです。「預金」や「保険」も、お金が最終的には利息や保険金という形のお金になるという意味で、金融の一つの流派なのです。

金
融
お金を 融通し合う
ことです!

7 マクロ経済的に「お金を借り、使う人」は誰だろう？

経済全体では「企業」と「政府」がお金を借りて使っている

◉——経済の見方には「ミクロ的」と「マクロ的」がある

経済とは、個人のひとりひとり、会社一つひとつなどのそれぞれの主体が、自分の満足度を最大限に高めようとして行動した結果、成り立つものと考えられます。

私たちひとりひとり、会社一つひとつに注目することを「**ミクロ的**」といい、そこに関心を持つ経済学の分野が「ミクロ経済学」と呼ばれるものです。

一方、国の経済、世界の経済を語るには、どうしてもある程度のかたまりを想定する必要があります。

給料をもらって生活している人間全体、税金を受け取る組織全体など、構成要素をある程度大きく分類して、国や世界経済にどのようなインパクトを与えるかに関心を持つことが「**マクロ的**」なものの見方です。

「マクロ経済学」とは、そこに関心を持つ経済学の分野というわけです。

◉——会社は、お金を他人から受け取る側

会社というのは、私たち人間と違って自然に生まれてくるものではありません。会社があ

¥ 経済全体を見てみよう!

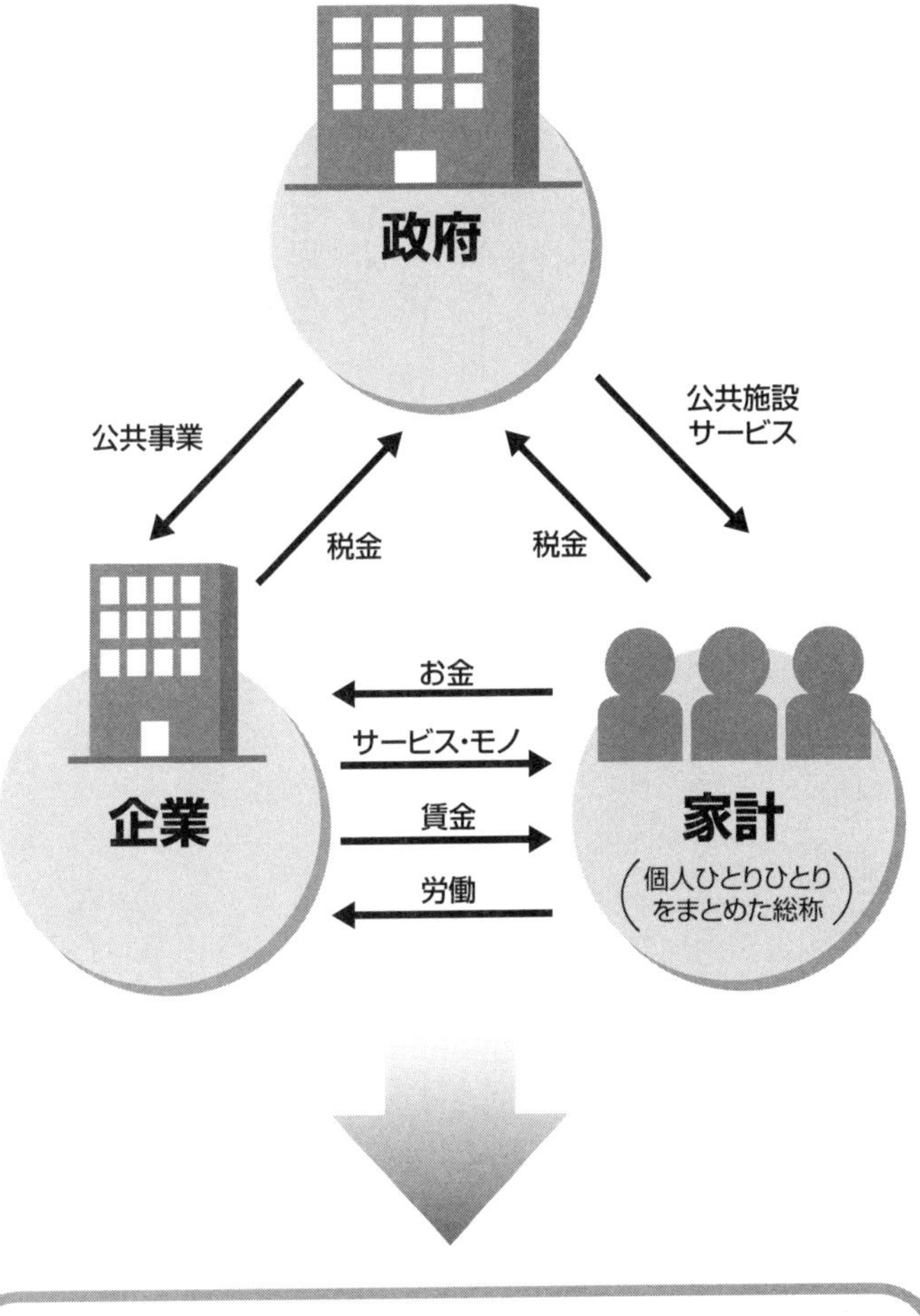

「企業」と「政府」がお金を借りて使う!

るということは、その会社にお金を出したヒトがいるのです。その意味で、会社とは、そもそもの成り立ちからして、他人のお金によって生まれたものであるといえます。

また一般的には、会社は「マクロ的に見ると」、つまり日本中の会社を合計してみると、預金の額よりも借金の額のほうが多い時期が、長く続いていました。

会社というのは、日本全体で見ると、お金を他人から受け取る側、他人からお金を預かる側にいたのです。

◉——財政は、税金で足りれば苦労しない

政府を運営するにはお金がかかります。政府がお金をどうやってやり繰りするかを「**財政**」といいます（細かい説明はP54でします）。

単純に考えて、警察官や市役所の窓口の方々、あるいは道路工事のことを考えれば、政府も楽な仕事でないことは簡単に想像できます。

政府を運営するためのお金は、本来的には、税金でまかなわれるのがスジです。ところが、スジは通らないのが一般的であり、財政についても例外ではありません。

つまり、政府は税金の徴収だけではお金が足りなくなることが普通であって、足りないお金は誰からか借りる必要があるのです。

国境が閉じていて、外国の人からお金が入ってこないのであれば、その国民から「借金」をすることになりますし、国境が開かれている場合には、もしかすると、外国人から借金をする場合もあるでしょう。

◉──マクロ的には、企業も政府も他人の金で成り立っている

経済学的にお金の流れをまとめてみると、企業というのは常に「他人のお金」があって初めて成り立っているものです。また、政府についても、集めた税金で回していくのがスジであるとしても、それだけでは不足している場合には、やはり誰かからお金を借りていることになります。

つまり、マクロ的には、お金を融通してもらっている人たちというのは、企業であり、政府であるというわけです。

では、そのお金はいったいどこから出てきているのでしょう？

経済全体で見ると
お金を調達して、使っている
のは企業と政府です
では、お金を貸して運用して
いるのは誰でしょう?
答えは次ページに!

8 経済全体で「お金を貸す人、運用する人」は誰だろう?

マクロ的に見ると「家計」がお金を出して、運用している

◉——お金の出し手は「私たち個人＝家計」

マクロ的には、企業と政府は、他人から提供されたお金で運営されています。税金だけで財政をまかなっている国や、天然資源による政府の収入が多く、税金すら取らない国もありますが、それは例外的なものです。

では、マクロ的に見て、企業や政府に資金を貸している、お金を使わせてあげているのは誰でしょう?

経済学の世界では、企業でも政府でもない人たちを「家計」と呼びます。

家計というと、毎日の生活費のことを思い浮かべるかもしれませんが、経済学的には、**私たち個人をまとめた表現**です。

単純にいうと、「家計」は収入よりも支出のほうが少ないため、お金が手元に余ります。このお金を、株式を購入することで企業に提供したり、あるいは直接・間接的に、企業や政府部門の借金の貸し手となっているのです。

¥ なぜ、家計がお金の出し手になるのか？

マクロ的に見ると…

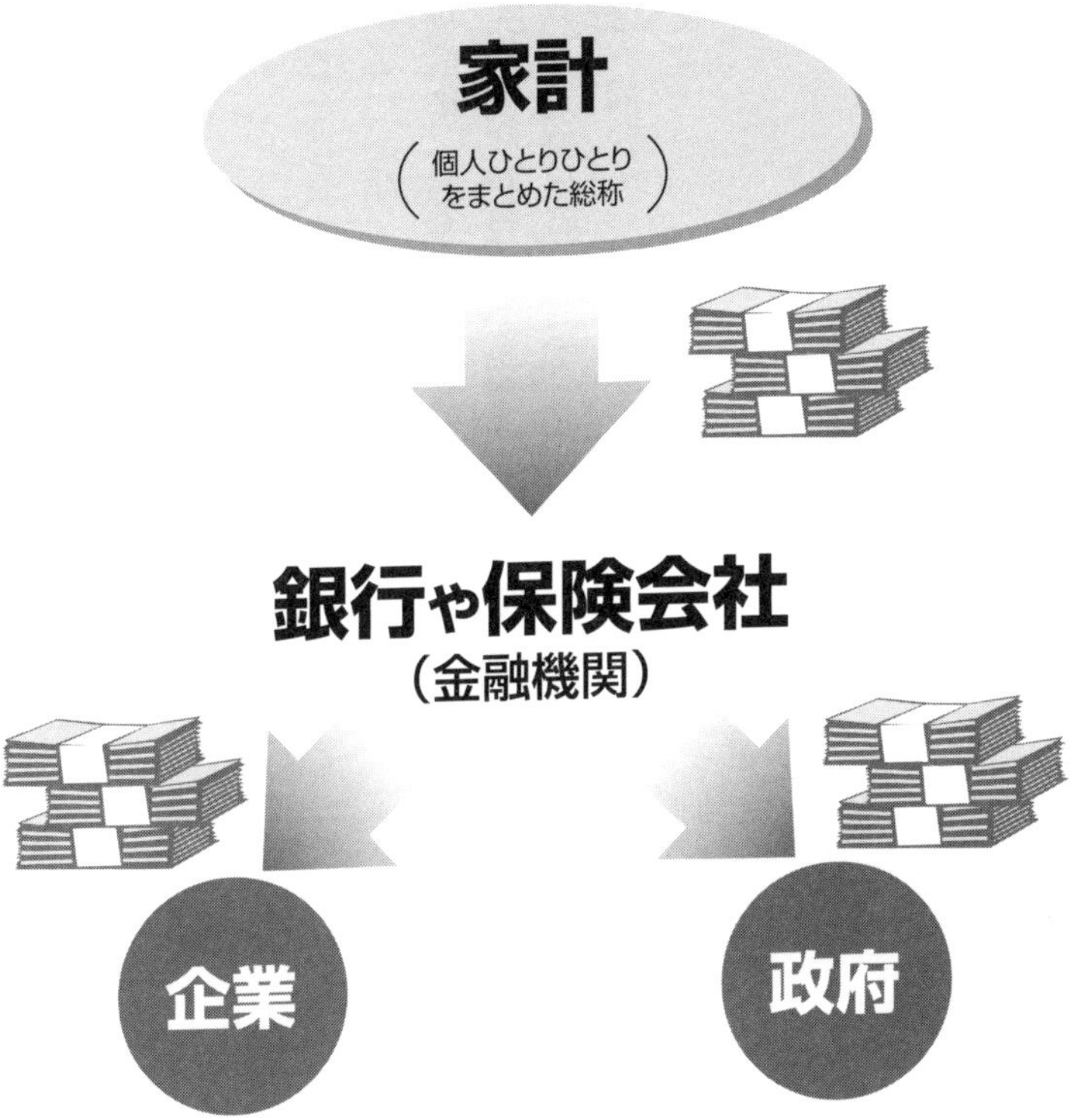

企業・政府との間に金融機関を入れることで、家計はお金の出し手になる！

◉──家計と企業・政府の間に金融機関が入る

先ほどの説明を読んで、自分が企業や政府の資金の出し手となっていることに違和感を覚えるかもしれません。

この違和感の原因は、読者の皆さんと企業や政府の「間に入っている」人たちがいることが原因です。一般的に「金融機関」と呼ばれる人たちは、私たち個人から自分の責任でお金を預かって、そのお金を企業に提供（株の購入や融資）したり、融資や債券購入の形で政府部門に提供しているのです。

このように**本来的に「お金を使わせてあげる人」と、本来的に「お金を必要とする人」の間に金融機関が入って、社会でお金がきちんと循環する仕組みを「間接金融」**といいます。

間接金融では、企業や政府が倒産しても、直接には私たちに影響しません。

私たちの関心は、間に入っている金融機関、特に銀行の健全性になります。

¥ 間接金融とは?

家計（個人）が企業、政府へのお金の
提供者だが、直接出しているのではない

↓

その間に金融機関（銀行など）がいる

↓

金融機関は株式投資・預貯金・債券・融資
などの形で家計のお金を運用する

↓

家計は間接的な形で
企業、政府にお金を提供している

↓

間接金融という

9 私の預貯金は、本当に安全なの？

外貨預金以外の個人向けの預貯金は一〇〇〇万円まで保護されている

◉──預金は、企業や政府の倒産とは関係ないが……

「預金は間接金融」だと、先ほど説明しました。

そこでは、私たちの預金は銀行に集められ、銀行が企業や政府に融資をするのですが、銀行がつぶれない限り、私たちの預金は安全です。銀行が融資をしている企業や政府が倒産しても、それが銀行の経営につながるほどの打撃を銀行に与えない限り、私たちの預金が戻ってこないことを心配する必要はありません。

◉──金融機関が行う仕事は？

「預金」というのは、銀行だけが扱うものではありません。

街にある金融機関としては、信用金庫や信用組合があります。労働組合の関係で労働金庫の口座を持っている人も多いでしょう。

これらの金融機関は、私たちから預金を預かって、その預金を用いて融資をしたり、あるいは債券を購入するのが仕事です。

もちろん、住宅ローンなど個人向けの融資もありますが、企業向け融資、そして債券での

預金とは?

預金は、銀行がつぶれない限り安全

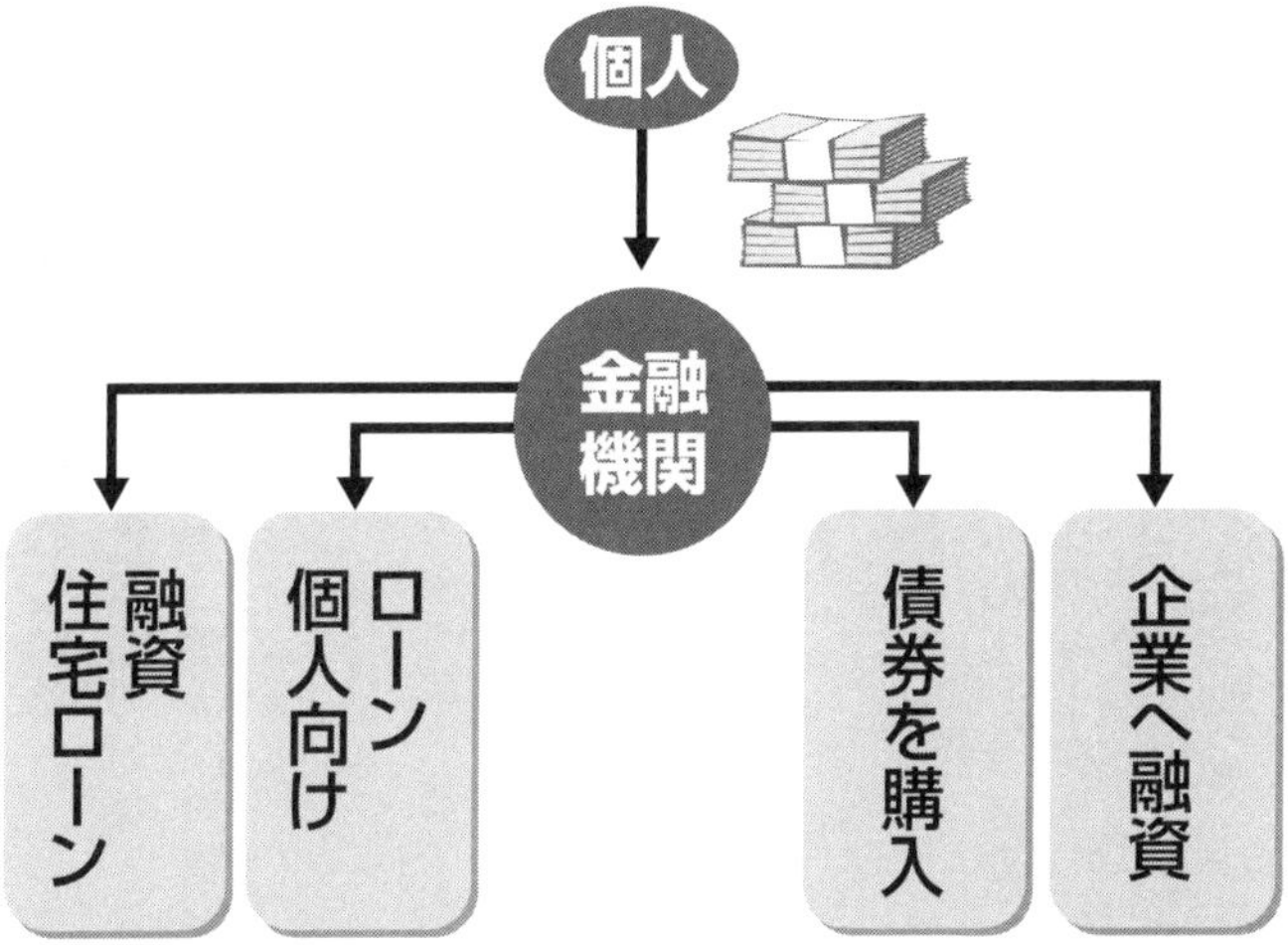

もし銀行がつぶれたら……?

- 預金は元本1,000万円までしか保護されない!
- 外貨預金は預金保険(保護)の対象外!
- 当座預金、利息のつかない普通預金などの決済用預金は全額保護される

郵便貯金は?

- ゆうちょ銀行も銀行。原則元本1,000万円まで保護

運用が、金融機関の主たる「お金の使い方（あるいは使わせ方）」と考えればいいでしょう。

●――一定の預金は預金保険で保護されている

金融機関にある一般的な預金は、**預金保険**の対象となっていて、元本一〇〇〇万円までとその利息が預金保険で保護されています（預金保険制度という）。

預金保険というのは、その言葉のとおり「保険」で、金融機関が保険料を払って、いざというときに備えているものです。

私たち個人のレベルで考えて、預金保険の対象とならない代表的なものは、外貨預金です。また、外国銀行の在日支店にある預金は、預金保険の対象にはなりません。

●――決済用預金は全額保護される

決済用預金と呼ばれる預金は、右で見た元本一〇〇〇万円とは別枠で、全額、預金保険によって保護されています。

決済用預金の特徴は、要求払いで無利息というもので、私たち個人のレベルで考えれば「利息のつかない普通預金」と理解すればいいでしょう。

多くの銀行が、この決済用預金を提供していますが、銀行の破綻《はたん》に対する危機感が薄れている昨今、大きく取り上げられることは少なくなりました。

●――貯金は貯金保険で保護される

「預金」と「**貯金**」が、どう違うのかを考えたことがありますか？

答えは、貯金は農協・漁協でやるもの、ということです。

農協・漁協の貯金は、銀行など右で見た金融機関の預金を対象とする預金保険では保護されていません。

では、何の保護もないのかというと、そうではなくて、都道府県の一部にある信連（農協の上部組織）、信漁連（漁協の上部組織）での貯金と合わせて、「貯金保険」という、預金保険とほぼ同様の内容の保護策が用意されています。

◉――郵便貯金も原則一〇〇〇万円まで保護

ゆうちょ銀行の郵便貯金は、貯金という名称ですが、民間の銀行と同じように、一定の範囲については預金保険の対象となります。

なお、民営化前からある定期・定額貯金には、国の保証が継続しています。

10 「直接金融」ってどんなもの？

金融機関を通さずにお金のやり取りをすること

直接金融のお金の貸し手はリスクを負う

株式を購入したり、個人向け国債を買うなど、いわゆる「個人投資家」の方が行っているお金の動きは「**直接金融**」と呼ばれるものです。

個別の銘柄を自分では選んでいない投資信託（P166参照）という形で、他人に運用を任せている証券投資をしている場合も、同じく直接金融です。

株を持っていると、株価が下がったとき、個人投資家は直接、損をします。また、債券を持っていて、発行者が倒産すると元本の全額は戻ってきません。

このように、企業が倒産したり、その業績が悪化したりして損をする可能性があるのは、銀行などが間に入らずに直接、資金を提供しているからです。

このような形態を「直接金融」というのです。

投資信託も、直接金融の一種です。確かに投資信託委託会社（P168参照）というプロが運用していますが、運用の結果の責任、つまり、失敗したときの損は投資家のものであって、委託会社がカバーしてくれるわけではありません。

直接金融とは?

**銀行など金融機関を通さず
直接お金のやり取りをすること**

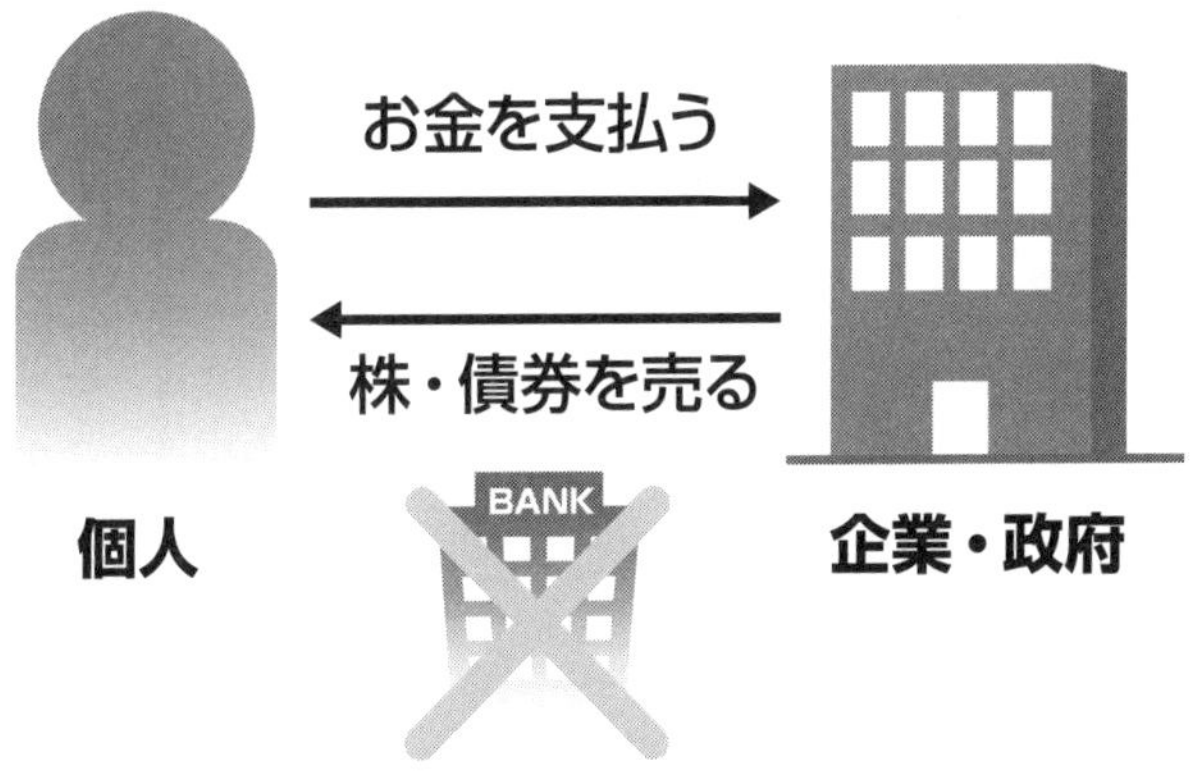

間接金融との違いは?

家計（個人をまとめたもの）が企業に直接お金を使わせているか、銀行などへの預金として間接的にお金を使わせているか

**直接金融では、私たちが
直接リスクを負う!**

11 「財政」って何だろう？

政府によるお金の運用の仕方。多くの国が財政赤字を抱えている

◉——財政の基本も「収入」と「支出」

財政というのは、政府によるお金の運用の仕方のことです。

政府の収入の原則は、税金です。支出としては、公務員の人件費や公共事業などが挙げられます。

政府を「権力の象徴」と思っているとピンとこないかもしれませんが、政府を運営するにはお金がかかります。公務員の給料はもちろん、鉛筆、消しゴムからダムの工事、戦闘機まで、すべて、民間が作ったものを購入するのです。

◉——国家財政と地方財政

国と地方は、それぞれ別々に予算をたてています。そのうち国の予算を見てみると、平成三〇（二〇一八）年度の一般財政（税金などを用いて、政府の一般的な収入・支出を管理）は約九七・八兆円となっています。

なお、財政においては「収入」「支出」といわず「歳入」「歳出」といいます。

¥ 財政とは?

財政

↓

政府によるお金の運用の仕方

歳入(収入) 原則、税金

歳出(支出) 公務員の人件費や公共事業　など

↓

ほとんどの国が赤字財政

財政には
国家財政
地方財政
があります

12 地方財政はどのように運営されているの？

歳入は税金の他、国からの交付金も多い

◉——地方政府も財政運営をしている

法律上の地方公共団体は、都道府県と市町村、東京の二三区となります。ですので、「○○市××町」の町は地方公共団体に該当しませんし、横浜市、名古屋市、大阪市などの「◎◎市＊＊区」の区も地方公共団体ではありません。

地方公共団体は、国とは異なる独自の予算があって、地方公務員がいますし、公共事業も行っています。

◉——地方財政は国の一般会計の九割程度の規模

日本全体で見ると、平成三〇（二〇一八）年度の**地方財政**（普通会計：国の一般会計に相当）の規模は約八七兆円となっています。

数字だけ見ると、地方の財政規模は国の一般会計の九割程度ですが、地方の歳入の中には「**地方交付税交付金**」という、国が地方にあげているお金、それと「**国庫支出金**」という国から地方への補助金があって、国の予算の一部が地方に分配されています。

¥ 地方財政の仕組み

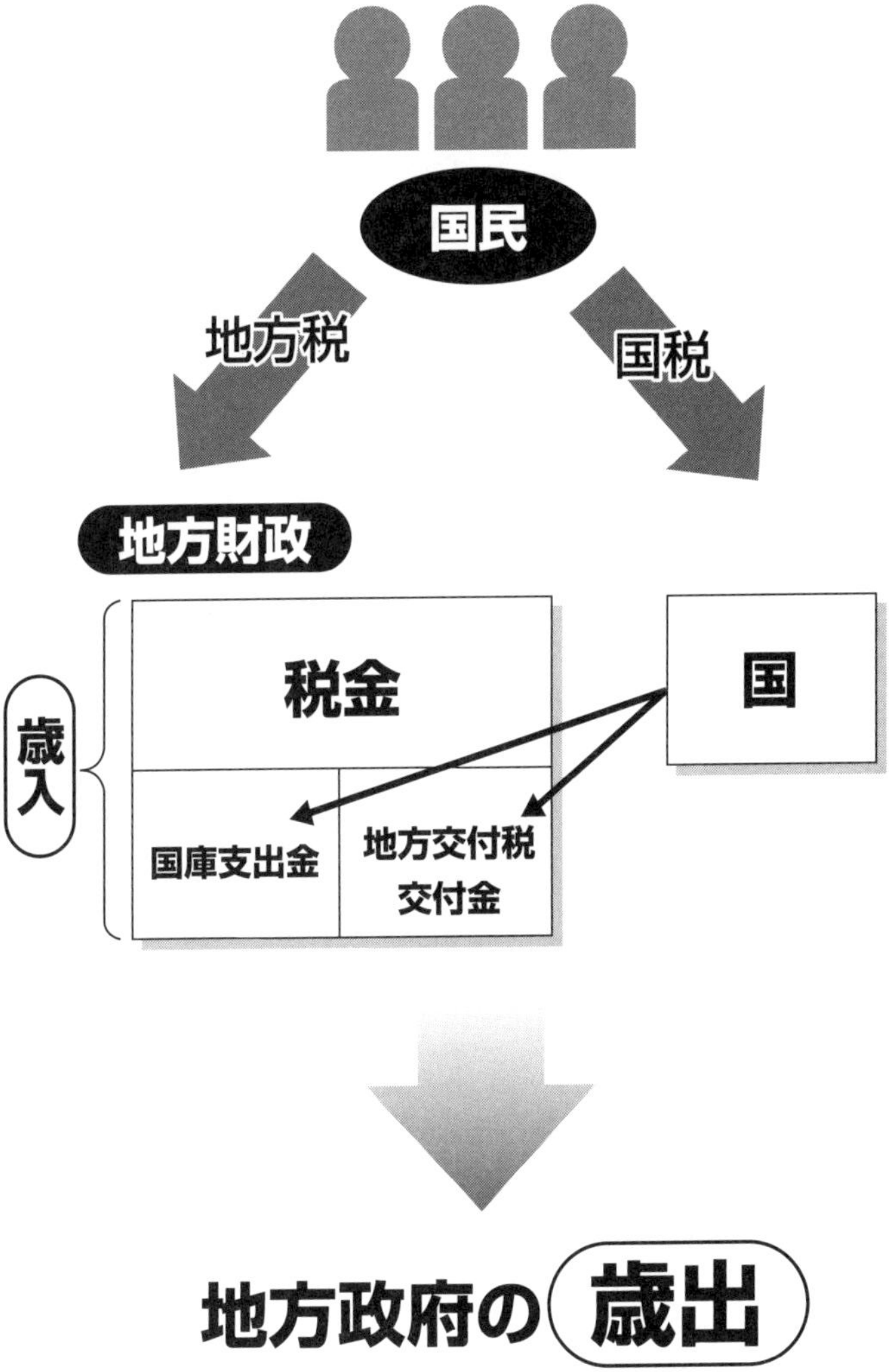

13 財政は金融・経済とどんな関係があるの？

「税金」を増やして「消費」を減らすなどの影響を与えられる

◉——税金は、行政サービスの対価

マクロ的に見ると、お金は家計、企業、政府の間を回ります。

家計を見ると、企業や政府から給料をもらい、その中から政府に**税金**を払い、残ったお金の中から企業に支払い（消費）をし、さらに残った分が銀行預金や保険料を通じて間接的に、あるいは株式や債券の形で直接的に、企業や政府に向かいます。

企業から見ると、家計に対して給料を支払う一方、家計の資金で事業を行い、その資金に対する利息を支払います。また、利益が出れば政府に税金を払い、その残りの一部は配当金の形で、最終的に家計に向かいます。

政府は、家計や企業から税金を取り、その税金から、公務員（家計）に対して給料を支払い、企業に対してモノやサービスの購入の対価を支払います。

税金は、「行政サービスの対価」と考えることができます。

道路の建設・整備や警察・国防といった、民間（企業）が提供しなかったり、民間が提供することが効率的でなかったりする一方で、誰かがやらなければならないことは政府が担当します。そのためにはお金が必要となり、国民、住民から税金を集めています。

◉──税金は国税と地方税に分けられる

税金には、国に納める国税と、地方公共団体に納める地方税とがあります。

地方税はさらに、都道府県民税と市町村民税とに分かれます。なお、東京二三区は少し特殊で、他の地域であれば市町村民税にあたる税金の一部が都税となっています。

代表的な国税は所得税、代表的な地方税は都道府県民税と市町村民税で、いわゆるサラリーマンであれば、給料から天引きされています。

また、私たちが八%と認識している消費税についても、国税部分は六・三%分であって、残りの一・七%分については「地方消費税」という都道府県税です。二〇一九年一〇月からは消費税率が一〇%になる予定ですが、その際は国税部分が七・八%、地方部分が二・二%となります。

◉──税率の変化による経済への影響

財政政策の一つの役割は、税制を通じて消費や投資パターンに影響を与えることです。

たとえば所得税率が上がると、サラリーマンとしては手取りの収入が減りますから、その分、消費に回る金額が少なくなります。

一般的に、私たち個人がお金を使わなくなると、社会全体の経済活動が減速します。

つまり、何らかの理由で「景気が良すぎる」と思われるときには、税率を上げることが効果的なわけです。減税にはその逆の効果があります。

消費税率に関しても同じことがいえます。

消費税率が上がると、モノを買う場合に支払う金額が増えるため、消費やサービスが減ることになり、経済を減速させます。

◉——ビルト・イン・スタビライザーとは？

皆さんご存知のとおり、日本の所得税は「累進課税」で、単純にいうと、稼ぎが多いと税率が高くなります。

「金持ちほどたくさん税金を払えばいい」という社会的正義感とは別に、累進課税には「**ビルト・イン・スタビライザー**」という効果があることが知られています。

ビルト・イン・スタビライザーとは、景気がよくなり、皆の収入が増えると、累進課税によって税率が上がり、増税と似たような効果となる結果、自然と経済にブレーキがかかるという効果です。

ビルト・イン・
スタビライザーは
「景気の自動安定化
装置」です

¥ ビルト・イン・スタビライザーとは?

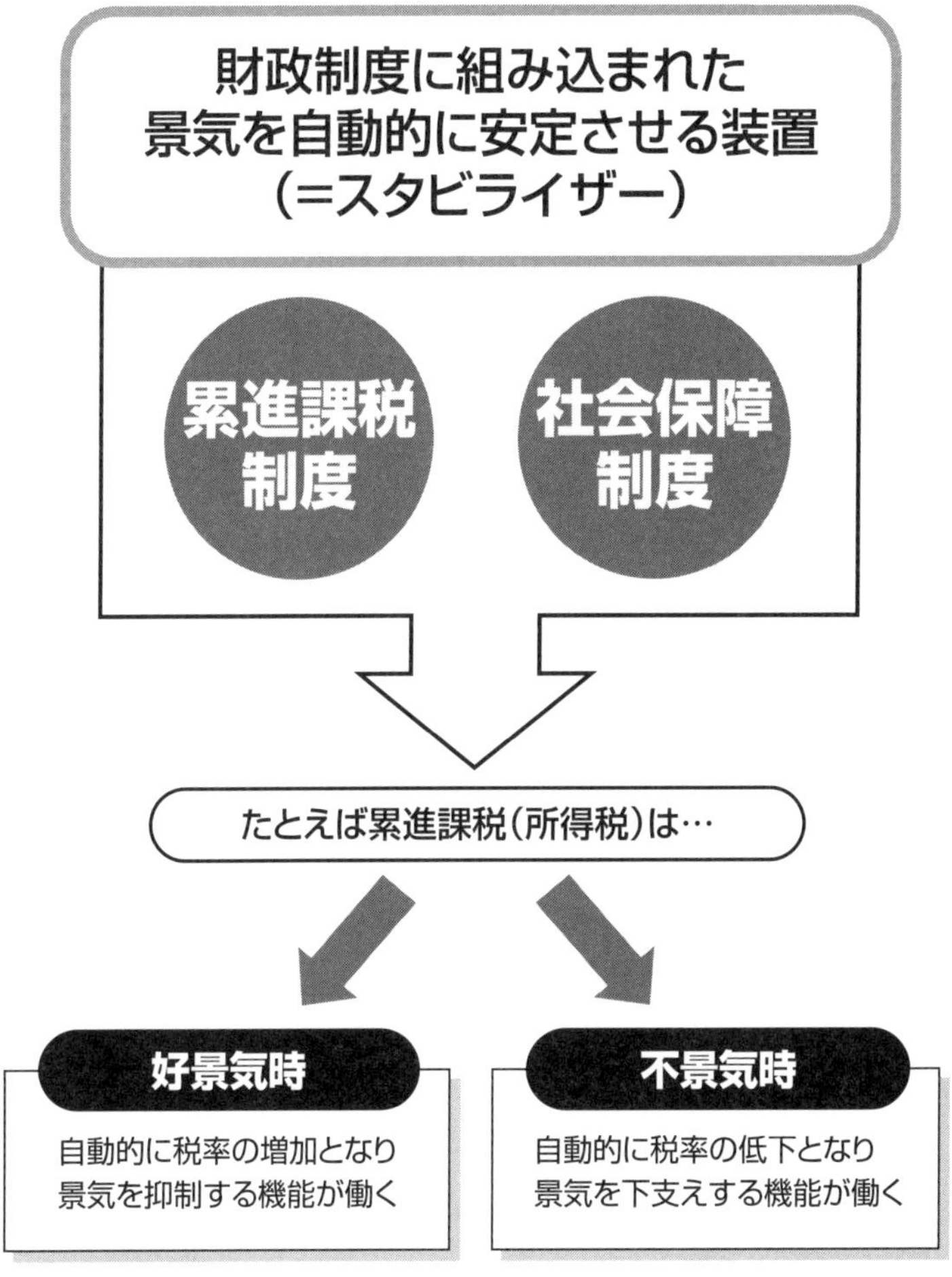
財政制度に組み込まれた
景気を自動的に安定させる装置
(=スタビライザー)
累進課税制度
社会保障制度
たとえば累進課税(所得税)は…
好景気時
自動的に税率の増加となり
景気を抑制する機能が働く
不景気時
自動的に税率の低下となり
景気を下支えする機能が働く

14 政府は税金だけでお金が足りるの？

国の財政も地方公共団体の財政も赤字。債券発行で資金調達する

◉——歳出の三五％を借金でまかなう日本

国家予算は歳入・歳出で表されています。「入るお金」と「出るお金」は釣り合うのが原則で、平成三〇（二〇一八）年度のわが国の予算は、前述のとおり約九七・八兆円です。歳出九七・八兆円のうち、どの程度が借金でまかなわれているのでしょう？

なんと、比率は約三五％です。

もっとも、これも改善している数字であって、平成一五（二〇〇三）年度の決算（確定値）では約四三％にも達していました。


ちなみに、**平成三〇年度の九七・八兆円の歳出のうち九兆円は、国債の利払いのために用いられています。**個人にたとえると、日本は生活費の三五％を借金に頼っているばかりか、生活費のうちの一割弱が借金の利息を支払うためだけに消えていることになります。

当然、借金の元本は減らず、元本を返済するために新たに借金をしていることになります。

¥ 日本の財政はどうなっているか？

政府

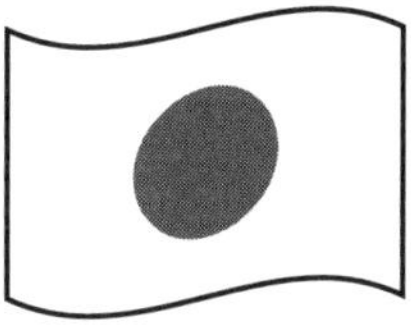

国家予算97.8兆円（平成30年度）

歳入

97.8兆円の
約35%が
借金

赤字を埋めるために
国債を発行

歳出

9兆円は
国債の
利払い

地方財政も同じように苦しい

◉——国債を発行して赤字を埋める

国が財政赤字を埋めるためには、債券を発行します。国が発行する債券のことを**国債**（詳しくはP98参照）といいます。

これが国の行う「借金」になります。国は、特別会計といって、特別な事業のための会計を別に持っていて、そこでは債券発行以外の借り入れがあります。しかし、比率的にはごくわずかで、国債は「債券」という証券と理解しておけば、ほぼ間違いありません。

平成三〇年度の予算では、国債の発行額は約一五〇兆円、うち約一〇三兆円が借り換え、つまり、返済資金を調達するためのものです。

また、国債の発行残高は平成三〇年三月末に約九六五兆円になる見込みです。

◉——地方財政も大幅な赤字

地方公共団体の平成三〇年度予算の総計約八七兆円のうち、地方税は約四〇兆円と半分に満たず、地方交付税交付金と国庫支出金が計約三〇兆円で、約三四%を占めます。

つまり、地方財政は独立採算では大幅な赤字であって、国からの財政支援があって成り立っているわけです。

ただ、それでもまだまだ歳出の額には足りません。そこで、やはり借金をすることになるのです。その金額は平成三〇年度予算で約九・二兆円、歳出全体の約一一%です。

国と同じように個人にたとえてみると、日本の地方政府を全体的に見ると、自分の収入では生活費の半分にしかならず、親（国）からのお小遣いでも足りないため、生活費の一割程度は借金しないと回らないということになります。

◉――地方公共団体は地方債で赤字を埋める

「国債」という表現とは異なり、**地方債は債券の発行と借り入れとの両方を含むもの**です。それら都道府県や政令指定都市は日本中の投資家を相手に（「**全国型市場公募**」といいます）、それらの地方公共団体を含めた一部の地方公共団体は地域住民だけを相手に（一般的に「**ミニ公募**」といいます）、それぞれ債券を発行することがありますし、企業と同様、金融機関からの借り入れもあります。また、地方公共団体金融機構という政府系金融機関からの借り入れなどもあります。

平成三〇年度の計画では、全国型市場公募・ミニ公募を合わせた発行予定額が約三・八兆円など、借金する額は一一・六兆円（公的機関からの分を含む）となっています。また、地方の借金の残高は、平成二九年度末で一九五兆円に達すると見込まれています。

なお、公募での債券発行のうち、共同発行といって、多数の地方公共団体が共同で発行する債券があることは、マメ知識として知っておいてもいいでしょう。

15 「マネー・ロンダリング」って何だろう?

非合法に得たお金を、銀行が扱えるように「洗濯」すること

マネロンには「タックス・ヘイブン」が使われることも

多額のお金を動かすには、本章5で見たように、銀行間の帳簿の数字の付け替えで済ませるのが便利なのですが、非合法的な経済活動で得たお金は、銀行が取り扱ってくれません。そこで、銀行が取り扱ってくれるようなきれいなお金になるよう「洗濯」するのが、**マネー・ロンダリング**（資金洗浄）、いわゆる**マネロン**です。

たとえば、合法的な活動をする会社をつくり、その会社に資金を入れ、その会社から生み出される利益などでお金をきれいに「洗濯」するのが、典型的な手法です。

タックス・ヘイブンとは「租税回避地」といった意味で、法人税や所得税がかからない、あるいは税率が極端に低い、国や地域です。タックス・ヘイブンでは、会社の設立と、それに関与する専門職（弁護士や会計士）が産業になっているため、会社の設立が容易です。マネロンを企てる人からすると、タックス・ヘイブンは使い勝手がよいため、タックス・ヘイブン=悪、というイメージはここからきています。ただ、実際には、タックス・ヘイブンは「税金がかからない、低い」だけですし、最近はマネロン対策も急速に進んでいます。

マネー・ロンダリング、タックス・ヘイブンとは?

マネー・ロンダリング（マネロン）

マネー → お金
ロンダリング → 洗濯する

「資金洗浄」ともいう

非合法的な活動で得た「汚れた」お金 ＝ 銀行が扱ってくれない

→ 銀行に預金できるように「きれいに」する

タックス・ヘイブン（Tax Haven）

- 法人税や所得税がかからない、または税率が極端に低い、国や地域のこと（＝租税回避地）
- 会社の設立が容易

column

「ESG」って何だろう？

ESGとは、環境（エンバイロンメント↓E）、社会（ソーシャル↓S）、統治（ガバナンス↓G）のことで、これらに配慮した投資が、ESG投資です。

Eの典型は、クリーン・エネルギーに積極的な会社への投資です。Sの典型は、女性の活躍を支援している企業への投資でしょう。Gの典型は、社外取締役の比率が高い会社への投資が考えられます。

ESG投資の表面的な動機は、そのような投資が高パフォーマンスを生むことです。環境に優しく、女性が活躍し、社外取締役の発言が活発な会社は、結果として業績がよくなり、株価も上がるのだとすれば、そのような投資には意味があることになります。

もっとも、ESG投資には、より深い意味があります。というのも、巨額の資金を運用する機関投資家は、実際には特定の企業に投資をしないという選択肢がなく、逆説的に特定の企業にだけ投資をすることもできません。となると、投資のパフォーマンスは銘柄選択によって決まるのではなく、投資をしてしまった会社が、よい会社になるか否かに依存します。ESGは銘柄選択の手法ではなく、投資先企業の向上を図るツールなのです。

これは、ある意味で「お金にモノをいわせる」行動です。それが社会全体をよくしようという動機に基づいているのならば、これは投資家として健全な行動ですし、このような行動はもっと広がるべきなのかもしれません。

第2章

金融における「市場」と「金利」

1 「市場」って何だろう?

多くの人の意向を反映して価格が決まる場を「しじょう」という

金融の世界に限らず、多くの人の意向を反映して価格が「決まる場」のことを「市場」といいます。

同じ漢字ですが「市場」は「いちば」でなく、「しじょう」と読みます。

金融市場といわれるとピンとこない読者でも、「株式市場」とか「東京証券取引所」となるとイメージが湧くでしょう。

取引所という整備された場で、みんなが取引に参加できるようにすることを「上場《じょうじょう》」といい、上場は典型的な金融市場の取引の方法です。

取引所のない市場もある

一方、多くの人が同じものを取引していれば、取引所がなくても「市場」といいます。多くの人が取引しているため、いろいろな見方が反映されて価格が決まるからです。

市場にはどんなものがあるか?

市場とは?

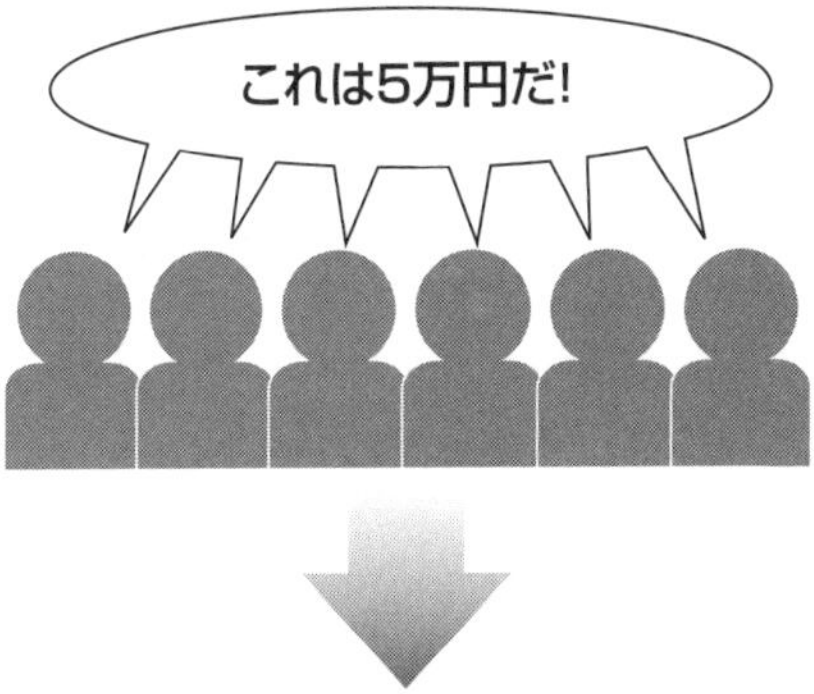
これは5万円だ!

多くの人の意向を反映し、価格が決まる場所

金融市場にはこんなものがある

株式市場	世界中の会社の株式などを売買する市場
(外国)為替市場	外国間の通貨価格を取引する市場 ロンドン、ニューヨーク、東京、香港など
債券市場	債券が売買取引される市場
短期金融市場	短期の資金が取引される市場

整備された取引所のない
市場もあります

2 市場での価格はどう決まるの?

市場とは「公開オークションの場」。需要と供給で価格が決まる

◉——買いたければ高値を提示

市場での価格の決まり方は、きわめて単純です。世の中には「欲しいモノは、いくらお金を出してでも買う」といううらやましい人がいますが、市場とはそんな場といえます。

たとえば、A社という会社の株があり、多くの人が欲しがっています。あなたがもし、この株をどうしても欲しければ、他の人よりも高い価格を提示すればいいのです。

他の人が一株五〇〇円でしか買わないといっているときに、一株五〇一円で買うという意思表示をすれば、その意思表示をした人がこの株を買えるのです。

このような仕組みを一般的に「競《せ》り」「オークション」といいます。金融市場は、いってみれば「公開オークションの場」なのです。

◉——売りたければ安値を提示

もっとも、金融市場とネット・オークションとでは大きな違いがあります。

ネット・オークションでは出品者は一人。それに対して、購入希望価格を提示する人は多数となりますが、金融市場では、購入希望者だけでなく売却希望者もたくさんいるのです。

¥ 金融市場は「公開オークションの場」

今度は、先ほどとは逆に、A社の株をどうしても売りたい人がいるとしましょう。皆が一株五〇一円でしか売りたくないといっているときに、自分は一株五〇〇円で売るという意思表示をすれば、この株を売るのが容易になります。

◉——需要と供給とで価格が決まる「市場メカニズム」

市場での価格を考えると、経済学的には「需要」と「供給」とが釣り合ったところで価格が決まると考えます。

確かに、一般的なモノやサービスでも、広い意味ではこの理屈は成立しています。「高級車」で考えてみると、高級車には製造にコストがかかっていることは事実ですが、買う人がいるから高価になるわけです。いくら高いコストがかかっていても、買う人がいなければ、高く売れるはずがありません。

金融の世界では、経済学の教科書どおり、需要と供給とで価格が決まる「市場メカニズム」がいつも働いています。

対象は外国為替であっても、株であっても理屈は同じで、買いたい人が多ければ価格は上がりますし、売りたい人が多ければ価格は下がります。

情報が瞬時に伝わり、取引も容易な金融市場においては、市場で決まった価格は、世の中にある情報をすべて反映しているとも考えられるのです。

¥ 市場では需要と供給とで価格が決まる

高級車 ▶ **500万円**

高級ホテルのコーヒー ▶ **5,500円**

原価もあるが……

高い値段で買う人がいる(需要)から
高い値がつく(供給)!

市場メカニズム

3 「金利」って何だろう？

お金が持つ価値の貸借の「賃借料」のこと

◉──金利とは現金のレンタル料（借り賃）

金融が難しいと感じる人が、一番理解に苦しむのは「**金利**」です。

金利とは、文字どおり「金（カネ）」が「利益」を生む様子のことです。「利息」とか「利子」と同じ意味で用いられ、「利率」と同義の場合も見られます。

金利の根本的なメカニズムは、難しいものではありません。

「自分の持っていないモノ」を「他人から借りた」ら、返すときに「お礼《れい》」をするのがマナーです。このマナーの部分を制度化しているのが金利です。

少し、お金がお金を生む世界から離れてみましょう。

レンタカーを借りるには、レンタル料（借り賃）を支払いますよね？　車を借りればドライブに行ったり、荷物を運んだりといった利用が可能で、レンタルした車を利用することでうれしくなったり、楽しくなったりします。借りなければ味わえなかったはずの、そのうれしさや楽しさに対する「対価」が、レンタカーの借り賃です。

借りる対象が車ではなく、お金になっても、原則の理屈は同じです。お金を持っていない

金利とは?

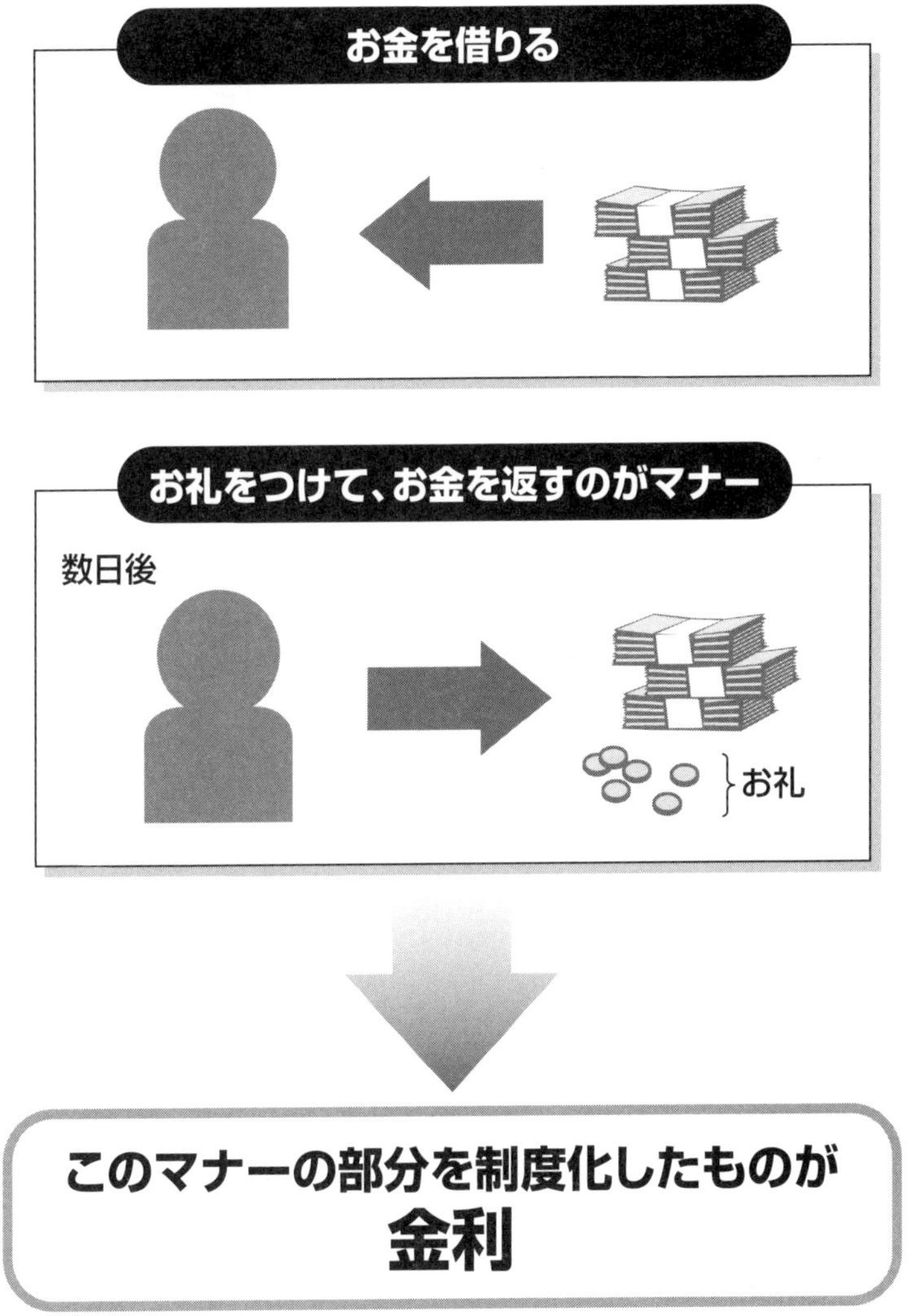

人が、持っている人からお金を借りるのは、そのお金を活用することで満足が得られるからです。

その満足に対する対価が、金利というわけです。

◉――価値のあるモノを借りたら少し色を付けて返す

カネの重要性は、それがお札《さつ》であったり硬貨であったりすることではなく、そこに金額という「価値」があることです。そして、**金利とは、その価値の貸借の賃借料**です。

こういう言い方をすると複雑に聞こえますが、実際には、「醤油《しょうゆ》一合」とか「味噌《みそ》五〇グラム」の貸し借りと同じ程度にしか複雑ではありません。醤油や味噌は、そのモノであることに意味があるわけではなく、調味料として使えることに価値があるわけです。

調味料を隣りの家から借りたら、返すときに「少し色をつけて」返すのが正しいマナーです。借りた調味料を「元本」と考えると、感謝の気持ちとなる「少しの色」がレンタル料である金利に相当するわけです。

¥ 金利は「レンタル料」

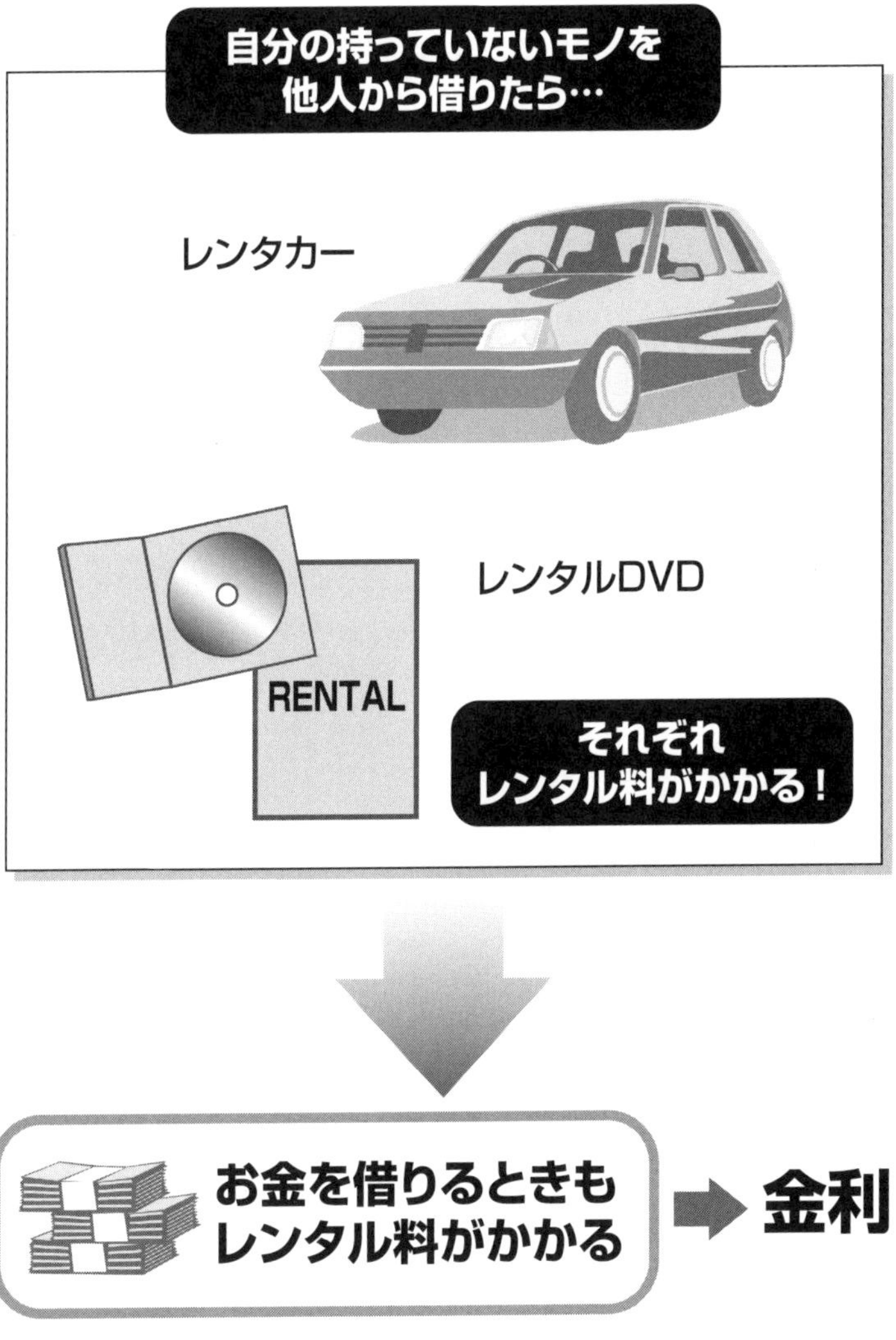

自分の持っていないモノを
他人から借りたら…
レンタカー
レンタルDVD
RENTAL
それぞれ
レンタル料がかかる！
お金を借りるときも
レンタル料がかかる
金利

4 なぜ、金利は変化するの？

金利はその時々の「お金のレンタル」に対する需給関係で変動する

◉――金利は変動することがある

金利とはそもそも何か、また、金利なるものをどのように定義するかは知らなくても、金利が上がったり下がったりすることを、私たちは知っています。

また、金利が高かったり低かったりすることがあるのも感じています。

たとえば、住宅ローンの金利は、いつ借りても同じわけではなく、借りる時期によって異なることは経験者なら知っています。また「**変動金利型**」の住宅ローンを借りていると、利息の計算に適用される金利が半年ごとに見直され、その度に計算書が送られてきます。

「変動」金利型という表現が示しているように、金利は変動することがあるわけです。

ところが、そのメカニズムについては、専門家以外は意外と知らないものです。

◉――お金の需要が高いと、お金のレンタル料は高くなる

金利が、「お金のレンタル料」であることは前節で紹介しましたが、このレンタル料は、借りたい人と貸したい人との力関係で決まるのが原則です。例によって「お金がお金を生む」金融の世界から離れてみて、実生活に即した例を見るほうが実感が湧きやすいでしょう。

金利はなぜ動く?

金利 = お金のレンタル料

↓

金利は変動する

↓

金利は需要と供給の関係で決まる!

DVDをレンタルする際、レンタルが解禁になったばかりの「新作」のほうが、数年前に劇場で公開された旧作の映画よりもレンタル料が高いのが一般的です。

その理由を経済学的に「需要と供給」の観点から分析すると、「新作にはレンタル料が高くても需要がある」ということです。つまり、借りたい人が多くいる一方で「旧作はレンタル料が安くないと需要が喚起できない」「新作と同じレンタル料だと誰も借りてくれない」というのが現実なのです。

それは、「お金のレンタル料」である金利についても同じことがいえます。つまり、「お金のレンタルに対して」の需給関係によって、レンタル料の水準が決まるのです。

◉――どうなると金利は上げ下げするのか？

具体的には、**世の中で、全体的にお金を借りたい人が多くなると、金利は上昇します。**逆に、**世の中で、全体的にお金を借りたい人が少なくなると、金利は低下します。**

世の中全体にお金が余っていて、余っているお金で「金利を稼ぎたい」という人が増えても、金利は下がりやすくなります。

逆に、世の中全体にお金が余っておらず、余っているお金で金利を稼ぎたいという人が減ると、金利は上がりやすくなります。

金利の動き方

お金を借りたい人が増えると
金利が上がる

お金を借りたい人が減ると
金利が下がる

5 金利の市場ってどんな取引をしているの？

金融機関が資金の過不足を調整する市場。融通する資金の金利が決まる

◉――銀行は短期金融市場で資金のやり取りをする

金利の水準自体も、金融商品同様に**市場**で決まります。

市場で取引される主要な金利は、**短期金利**です。おおざっぱにいうと、銀行など金融機関が資金の過不足を調整するために、お互いに資金の融通をし合うのが「**短期金融市場**」です。

私たちが、銀行などの金融機関に預貯金をすると、この預貯金は原則として、いつでもおろすことができます。

期間の長い定期預金であっても、通常はいつでも解約ができますから、銀行からすると、いつなくなるかわからないお金でしかありません。したがって、銀行同士が資金のやり取りをするときも、期間が短くなるため「短期」金融市場なのです。

短期金融市場における市場機能の働き方は、他の場合と同様です。つまり、できるだけ高い金利で資金を貸したい金融機関と、できるだけ低い金利で資金を借りたい金融機関とがいて、オークションと逆オークションの関係の中で、金利が決まります。

¥ 金利の市場とは?

短期金融市場とは?

▶銀行など金融機関が、資金の過不足を調整するために、お互いの資金を融通し合うための金利を決める場

▶取引期間が1年未満の金利を取引する市場のことを指す

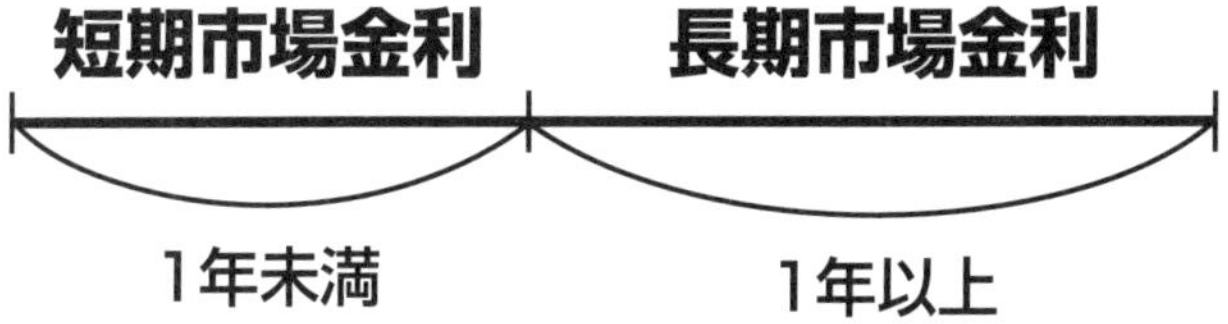

短期市場金利
長期市場金利
1年未満
1年以上

金利の市場は
短期市場と長期市場に
分けられます!

6 日本銀行の「金融政策」って何をするの？

物価の安定を目指して、公開市場操作などを行っている

「通貨及び金融の調節」が目的の一つ

日本銀行（日銀）は、法律（日本銀行法）によって「**物価の安定を図る**ことを通じて国民経済の健全な発展に資する」ことが理念とされています。そして、この理念に基づいて、「**通貨及び金融の調節を行う**」ことが、目的の一つとなっています。

物価の安定を図ることが、なぜ、日銀の役割なのかは、わかりにくいかもしれません。簡単にいえば、「一万円札の信用が失われない」というのが、物価の安定です。

日本のお札は、日銀が発行していますから、そのお札の信用が失われないことというのは、日銀にとって重要です。そして、第1章2で見たとおり、お札の信用とは、結局、国・政府に対する信用ですから、これを維持することは安定した社会のために重要なのです。

では、具体的には、物価の安定とは何でしょうか。

インフレと**デフレ**については第1章3で見たとおりですが、一般的には、景気が過熱するとインフレになるし、経済が低迷するとデフレになります。インフレもデフレも、国・政府の信用、お札の信用にとってプラス材料ではありませんから、物価を安定させるためには、

インフレもデフレも困ります。ということは、景気が過熱するのも避けたいし、逆に経済の低迷が続くのも避けるべきです。日銀は、そのような使命を帯びて「通貨及び金融の調節を行う」のです。

◉——公開市場操作（オペレーション）で市場金利を動かす

では、日銀は具体的には、何をしているのでしょうか。

典型的なのは、**自らが金利の市場に参加して、金利を動かそうとする**ものです。

一般的に、金利が上がるとお金は借りにくくなって、過熱している景気が沈静化します。また、金利が下がるとお金が借りやすくなるため、低迷していた景気が活性化します。

金利は市場で決まるものであって、日銀が決められるわけではありません。しかし、日銀は自らが市場に参加することによって、金利の動向に影響を与えることができるのです。

具体的には、金利が高すぎると思えば、資金を貸す側になって市場に参加します。わかりやすくいえば、日銀は無尽蔵にお金が刷れますから、貸そうと思えばいくらでも貸せるわけです。

逆に、金利が低すぎると思えば、お金を借りる側になります。

これには、**銀行ほか民間の金融機関が、日銀に口座を持っている**ことも大きく影響します。日銀からすると、この口座の数字を増やしたり、減らしたりするだけで、資金の移動を行うことができますから、資金の貸し借りというのは非常に容易に行えるのです。

市場という、皆が見ている「公開」の場で、このようなことを行うので、日銀が市場に参加して金利を上げたり下げたりしようとすることを「**公開市場操作**」といいます。一般的には「**オペレーション**」という表現を用います。

また、日銀が、自らが持っている国債などを売却し、民間の金融機関から資金を吸い上げることで、市場から資金を減らして金利を上げる、ということも行われます（**売りオペ**という）。

逆に、日銀が国債を買って購入代金を支払い、市場に資金を増やすということも行われます（**買いオペ**という）。

日銀は自ら金利の市場に参加し、金利を動かす

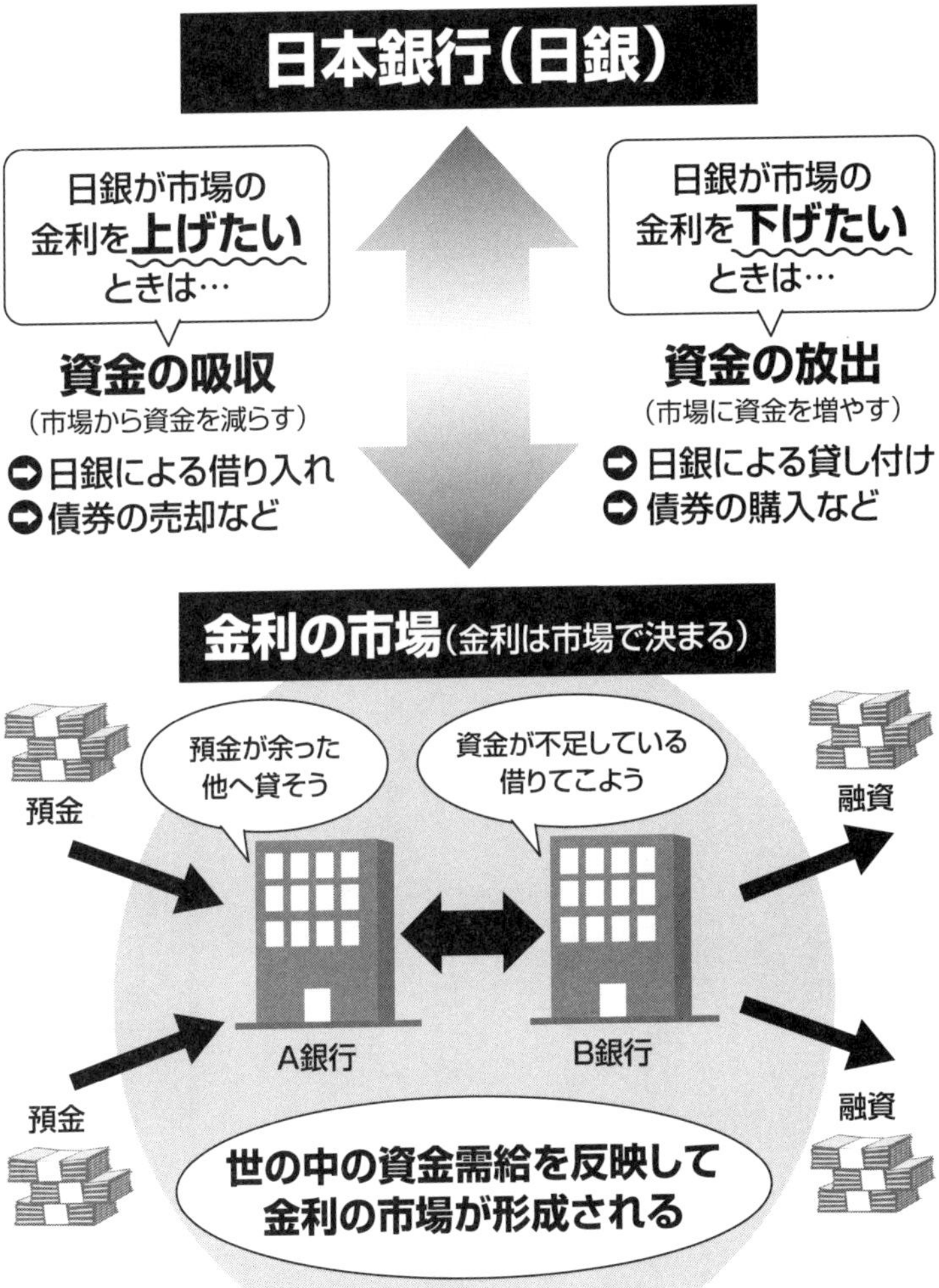

7 金利って期間に関係なく同じなの？

一般的には期間が長いほど金利が高くなる傾向がある

●——お金は使い勝手がいい

一般的に、**金利は期間が長いほど高くなります**。これは、私たちの常識に逆行します。というのも、一般的にレンタル料というのは、期間が長くなるほど「割安」、つまり時間単位での料金が安くなっていくのが世の常です。レンタカーを一日借りるのと一週間借りるのとでは、通常、後者のほうが「一日あたり」の料金は安いものです。

お金では、長期間レンタルするほうがレンタル料が割高になる理由は、お金があまりにも使い勝手がよく、お金を持っていれば何でもできるからです。

自由にできる期間が長くなればなるほど、お金を手元に置いておく満足度が上がります。明日返さなくてはいけないお金よりも、二日後、一週間後と返済期限が将来になるほど、お金を借りていることの価値は加速度的に高まるのです。

この「加速度的」というのを料率に表すことによって、結局、期間が長ければ長いほど金利が高くなるという現象の説明になります。

◉——金利の期間構造とは？

金利が期間によって異なることを「金利の期間構造」といいます。先ほど見た、「お金があまりにも使い勝手がいいこと」というのが、金利の期間構造に大きな影響を与えていますが、それだけが理由でもありません。

というのも、世の中では、期間が長くなればなるほど金利が低くなったり、ある一部の期間のところだけ、期間が長いほうが金利は低くなったりすることがあるのです。

この現象を説明するには、

①各期間の資金の需給で、各期間の金利が決まる
②短期金利の連続が、長期金利である

という二つの考え方があります。

①については、感覚的にピンとくるでしょう。②では、たとえば一年の金利というのは、今から半年間の金利と、「半年後から」六ヵ月間の金利に対する市場の見方とを加えたものと考えます。

実際のところは、これらの要素すべてが絡み合って、金利の期間構造ができています。

8 金利とインフレ率にはどういう関係があるの？

「（名目）金利＝実質金利＋（期待）インフレ率」という関係を覚えよう

◉――名目金利は期待インフレ率より上であるべき

一般的に、私たちが目にできる金利のことを「**名目金利**」と呼び、名目金利は「**実質金利**」と「**期待インフレ率**」との合計になります。（名目）金利が高いということは、期待インフレ率が高いか、実質金利が高いかの、どちらかが理由であるわけです。

過去のインフレ率については、いわば事実ですから、統計として観察することができます。しかし、将来のインフレについてはどうなるかはわかりません。

一方、右で見た「期待インフレ率」とは、将来のインフレに対するみんなの予想ですから、事前に知ることはできません。これから半年間、一年間、二年間のインフレ率がどうなるかを予想しているのが、期待インフレ率なのです。

では、みんなの期待インフレ率が年率二％のとき、名目金利の水準はいかほどであるべきでしょう？　答えは「少なくとも二％であるべき」となります。

「**（名目）金利＝実質金利＋（期待）インフレ率**」という式は、記憶しておきましょう。

名目金利と期待インフレ率の関係

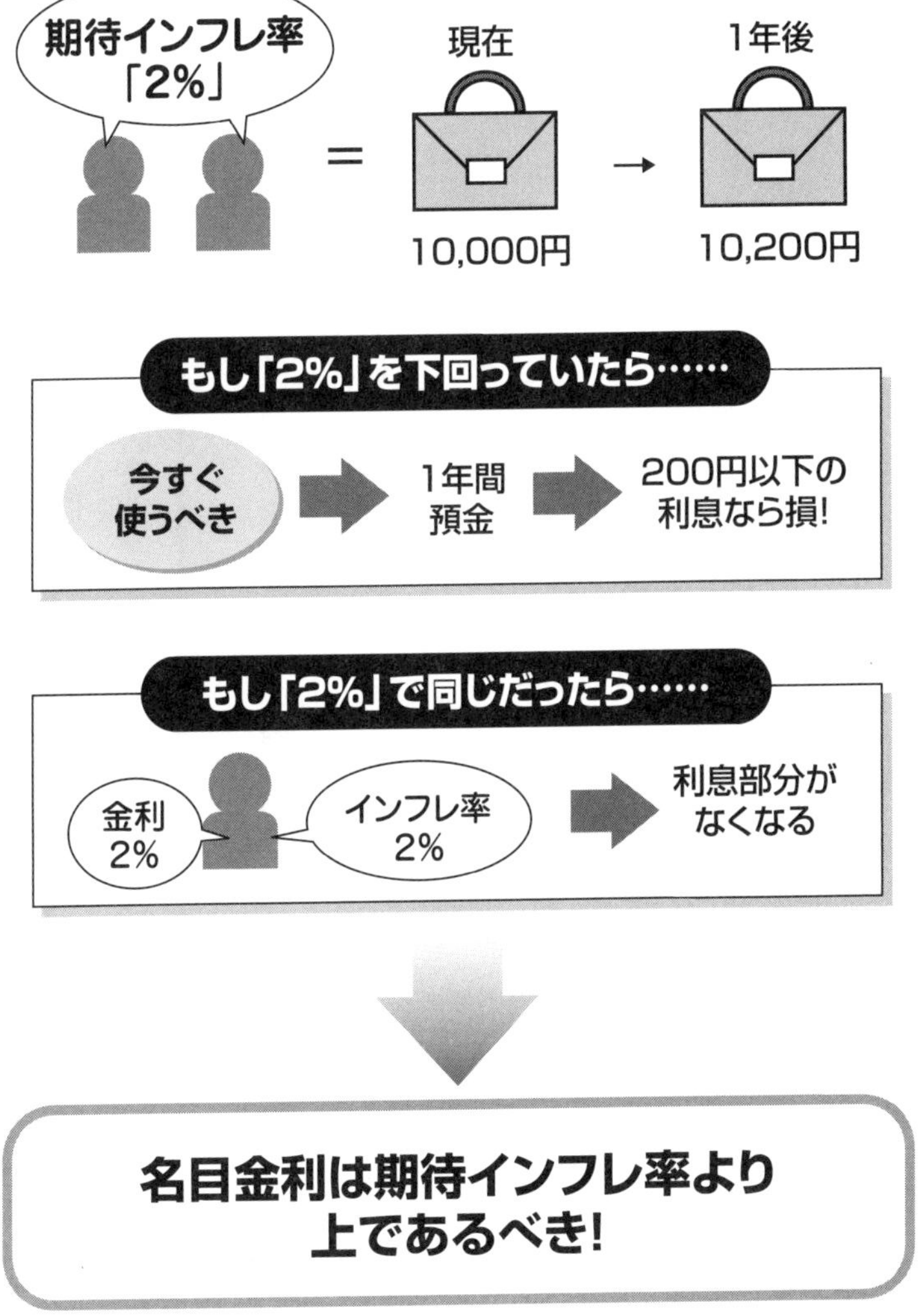

9 「マイナス金利政策」って何だろう？

日銀が金融機関からの預金の金利をマイナスにする政策

◉──市場に資金を出回らせ、経済の活性化をはかるのが狙い

すべての民間金融機関は、国の中央銀行である日本銀行（日銀）に口座を持ち、ここに一定の資金を預けています。この資金に、日銀がマイナスの金利を適用することにしたのが、平成二八（二〇一六）年のこと。これが、**マイナス金利政策**と呼ばれるものです。

マイナス金利の目的は、経済の活性化です。金融機関が日銀に預けた資金は、これまでとは逆に利息（利子）を支払わなくてはならなくなるため、預ける代わりにお金を企業や個人に積極的に貸し出すようになる、市場にお金が出回ることを狙ったのです。

マイナス金利の導入以前から、日銀は「**異次元緩和**」と呼ばれる、さまざまな施策を行っています。たとえば、日銀が国債を購入したり、実質的に日本の不動産や株式を購入するというのも、その例です。仕組みは複雑ですが、日銀が市場から資産を購入すると、その分、世の中に出回るお金が増え、そのお金が使われて景気がよくなることが期待できるからです。また、日銀がそのような資産を買うことで、他の投資家も同じような資産を買うことに積極的になる効果もあります。資金が回るようになり、景気がよくなることに役立つのです。

マイナス金利政策とは?

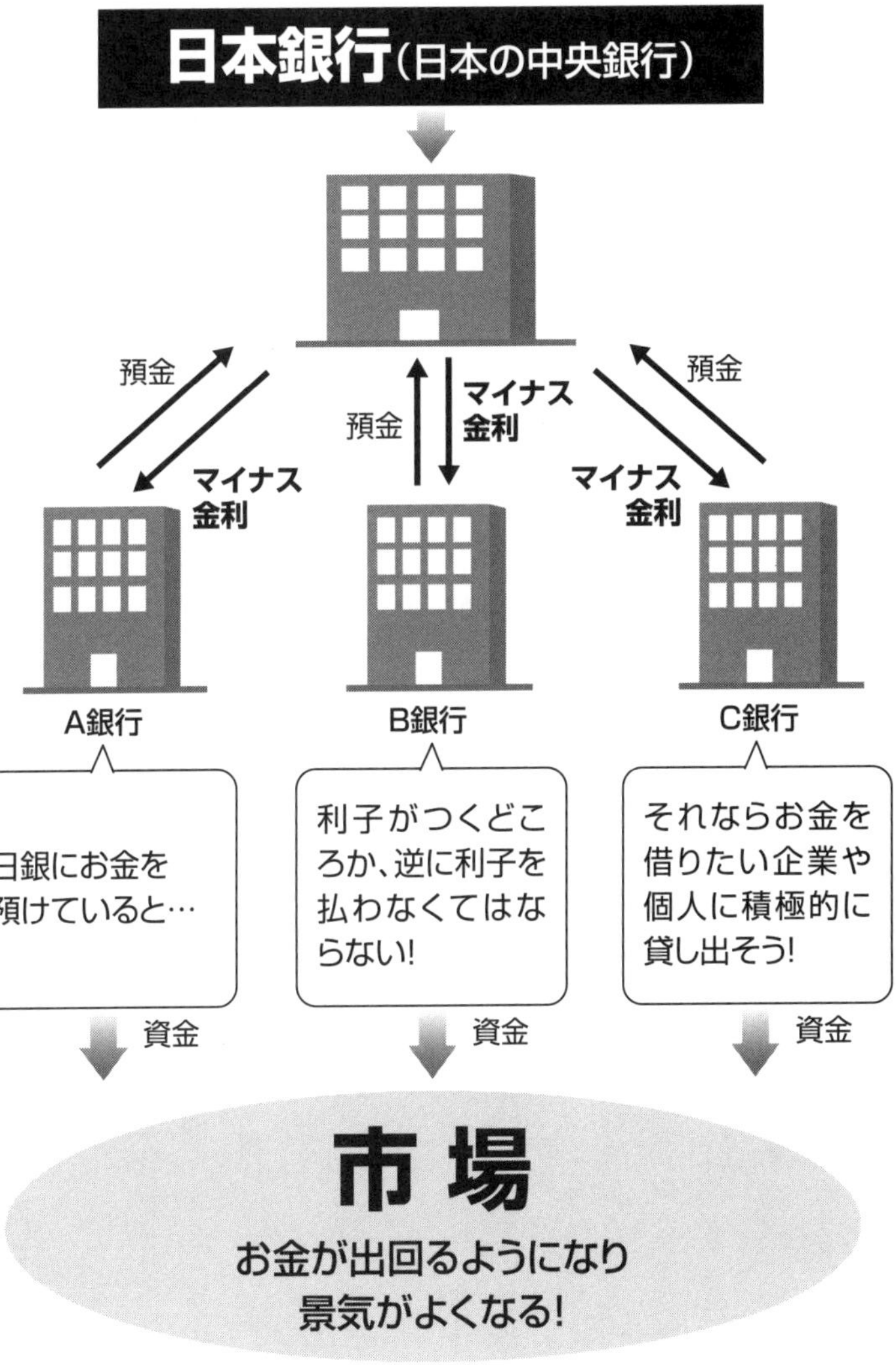
日本銀行（日本の中央銀行）
預金
マイナス金利
預金
マイナス金利
預金
マイナス金利
A銀行
B銀行
C銀行
日銀にお金を預けていると…
利子がつくどころか、逆に利子を払わなくてはならない!
それならお金を借りたい企業や個人に積極的に貸し出そう!
資金
資金
資金
市場
お金が出回るようになり景気がよくなる!

column

「コーポレートガバナンス・コード」って何だろう？

企業が自らを律することを、企業統治（コーポレート・ガバナンス）といいます。会社法上、株式会社の代表取締役は取締役会の下に位置しますから、暴走はできません。しかし、取締役会による牽制《けんせい》が効かず、社長などの実力者の専断によって引き起こされる事件も見られます。そのような企業統治の失敗は、会社制度に対する信頼を損ない、結果として、投資を阻害します。仮に日本の企業全体に統治上の問題があるのだとすると、日本の株式市場全体に対する信頼の問題となるのです。

こうした問題意識のもと、金融庁の肝いりで二〇一五年に制定されたのが「コーポレートガバナンス・コード」です。上場会社を対象とし、「株主の権利・平等性の確保」、「株主以外のステークホルダー（利害関係者）との適切な協働」、「適切な情報開示と透明性の確保」、「取締役会等の責務」、「株主との対話」の五つの基本原則に分かれており、それぞれについて、さらに細かい枝番と補充原則により構成されています。

この中では「上場会社の取締役会は、株主に対する受託者責任・説明責任を踏まえ、会社の持続的成長と中長期的な企業価値の向上を促し、収益力・資本効率等の改善を図るべく、（中略）役割・責務を適切に果たすべきである」というところが注目されます。このような意識で取締役会が運営されれば、日本の株式市場全体に対する信頼感の向上に大いに貢献することになるでしょう。

第3章

債券
について見てみよう

1 債券投資の利回りって、何が回っているの？

投資金額（元本）に対する実質的な利息を、年率で表したものが利回り

◉――債券には利息がつく

債券は、**国債**であっても**社債**であっても、発行者の借用証書としての役割を果たします。

債券が借用証書であるとすると、元本（債務者が返済しなくてはならない金額）だけではなく、利息の額、あるいは、利息の額を計算する計算方法が記載されているはずです。

利息の計算方法とは、一般的には「利率」のことで、「元本×利率（年利）×利息計算期間（年）」で利息の額が計算されます。

元本一〇〇万円、利率二％、利息の支払いが半年に一回であれば、一回あたりの利息の金額は一〇〇万円×二％／年×〇・五年＝一万円、となるわけです。

さて、何らかの理由で、みんながこの利息では少ないと考えたとしましょう。魅力のない投資対象を保有していてもしょうがないので、この債券を保有している人は、この債券を売却します。みんなが売却すると、その債券の価格は下がるはずです。

では、この債券の価格は、どこまで下がるでしょうか？

それは、その債券を保有することによって受け取ることのできる利息の額であっても、そ

¥ 債券とは?

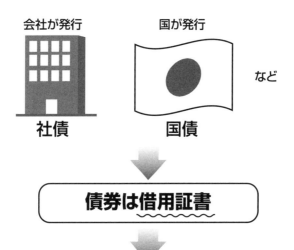

会社が発行　　国が発行

社債　　国債　　など

債券は借用証書

目的は、国や金融機関、会社の資金調達

しかし、借金には利息がつく!

利息の計算方法は…

元本×利率(年利)×利息計算期間(年)

例 元本100万円、利率2%、支払いは半年ごと

100万円×2%/年×0.5年=利息1万円

の債券が十分に投資対象として魅力があるところまで価格が下がった点です。
なお、債券の利息を計算するための利率を「**表面利率**」といいます。今後も出てくる表現ですから、覚えておきましょう。

◉――「利回り」という考え方と、その計算方法

債券を保有することによって稼げる「実質的な利息」を、元本に対する年率で表したものを「利回り」といいます。投資金額の投資効率と考えてもいいでしょう。表面利率と同様に、利回りも年率換算、あるいは年率で表示されます。

償還までちょうど五年間で、額面一〇〇万円、表面利率二%、利息支払いが半年に一回の債券を、一〇〇万円で購入した場合、利回りは二%となります。

利息の合計額が一〇万円ですから、一〇〇万円を投資した見返り（稼ぎ）は一〇万円÷一〇〇万円＝一〇%となりますが、この一〇万円を稼ぐのに五年間かかっていますから、年率換算すると一〇%÷五年＝二%／年となるわけです。

では、同じ債券の人気がなくなって、価格が九八万円に下がったらどうなるでしょう。

五年間で受け取る利息の額の合計は、先ほどと同じ一〇万円ですが、九八万円で購入した債券が一〇〇万円で償還されると、元本の増加分として二万円の儲《もう》けが加わります。一二万円の儲けを九八万円の投資資金で稼いだわけですから、儲けを率で見ると、一二万円÷九八万円＝一二・二四四八……%となり、利回り（年率）は二・四五%となります。

反対に、この債券の人気が高まり、価格が一〇一万円になると、利息の額は同じ一〇万円

ですが、一〇〇万円しか償還されないため、償還に際しては一万円の損をしてしまいます。利回りを計算すると、（一〇万円−一万円）÷一〇一万円÷五年＝一・七八％となります。

◉――固定利付き債券は利回りが上がれば価格は下がる

一般的な**固定利付き債券**、つまり、利息の額が原則として毎回同じ債券では、価格が決まれば利回りが計算できます。これは右の式で見たとおりです。この関係は逆から見ても同じで、債券の利回りがわかれば、価格は逆算されます。

この節の冒頭で見たとおり、債券の借用証書としての役割を考えると、債券を買う人は、お金を貸して利息を稼ごうとしているわけですから、融通したカネがどの程度の率で利息を稼ぐかに強い興味を持っています。ということは、一般的にいうと、債券は価格よりも利回りのほうが重要なのです。

なお、右の例を見ればわかるとおり、固定利付き債券では「利回りが上（下）がれば価格が下（上）がる」「価格が上（下）がれば利回りが下（上）がる」という関係にあります。

債券を買う人
にとっては
価格よりも
利回りが重要!

2 国債の利回りは、なぜ変動するの?

国債の利回りは、世の中のお金の需給関係を反映している

国債を買う人が増えると、利回りは下がる

金利というのは、「お金のレンタル料」だと説明しました。

固定利付き国債の利回りは、「その時点で」国が資金を借りようとしたら、払わなくてはいけない金利(利息の利率)と同じです。

なぜなら、まったく同じ固定利付き国債を国が新たに発行したら、その国債を購入する人が要求する金利は、他の固定利付き国債の「実質的な利息の利率」である利回りと等しいからです。

国債の利回りが下がるのは、国債を買う人が増えて、国債の価格が上昇したときですし、国債の利回りが上がるのは、国債を売る人が増えて、国債の価格が下落したときです。

国債を買う人が増えるときとは、国以外にお金を借りてくれる人が少ないときで、国債を売る人が増えるときとは、国債を売ったお金を借りてくれる人が多いときのはずです。

国債の利回りは、世の中のお金に対する需給関係を反映していることがわかります。

国債の利回りが変動する理由

国債の利回りが
下がった

＜理由＞
国債を買う人が増え、国債の価格が上昇したから

＜国債を買う人が増えた理由＞
国以外にお金を借りてくれる人が少ないとき

国債の利回りが
上がった

＜理由＞
国債を売る人が増え、国債の価格が下落したから

＜国債を売る人が増えた理由＞
国債を売ったお金を借りてくれる人が多いとき

世の中のお金に対する需給関係を反映している!

3 個人向け国債は、その他の国債とどう違うの?

機関投資家は購入できず、あくまでも個人向け

●──機関投資家も買えるのが一般向け国債

国債には二種類あります。「**一般向け国債**」、つまり機関投資家を含めて多くの投資家が購入できるものと、「**個人向け国債**」といって個人投資家しか購入できないものです。

一般向けの一般的なものは、**固定利付き国債**です。これは毎回（半年ごと）の利息の額が発行時から固定されているものです。固定利付きの国債には、発行から償還（国の元本の返済）までの期間が一年、二年、五年、一〇年、二〇年、三〇年、四〇年の七種類があります。

また、利息の計算のための利率を半年ごとに見直す「変動利付き」型の国債もあり、期間一五年のものが発行されていました。さらに、半年ごとの利息を計算するための元本、および、償還される元本が、インフレ率に沿って変動する、期間一〇年の「物価連動債」と呼ばれるものもあります。

これらの国債は、個人でも購入することができます。個人向け国債は、固定利付きで期間が三年のものと五年のもの、期間が一〇年で変動利付きのものの三種類があります。

国債の種類

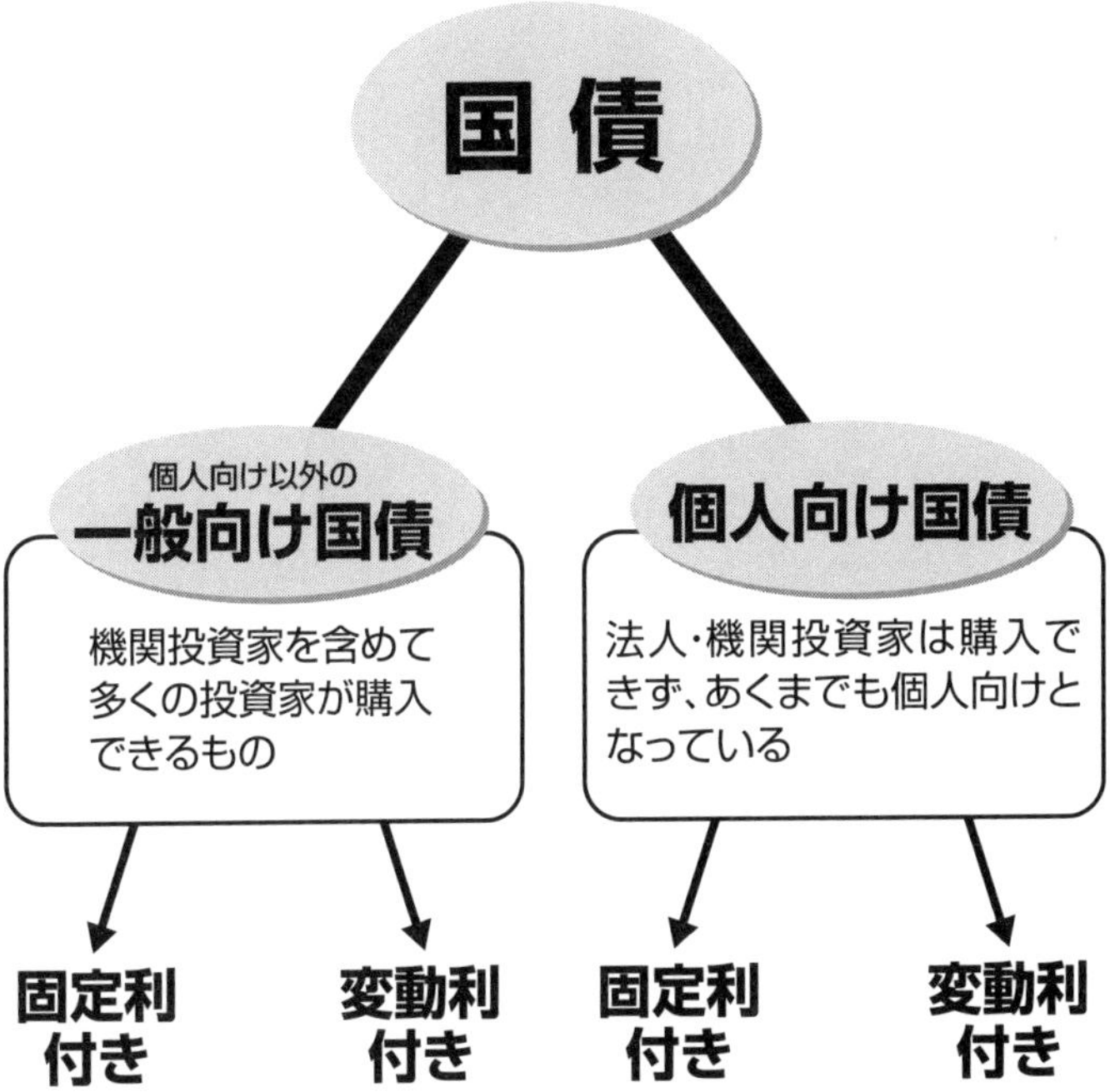
国債
個人向け以外の
一般向け国債
機関投資家を含めて多くの投資家が購入できるもの
個人向け国債
法人・機関投資家は購入できず、あくまでも個人向けとなっている
固定利付き
変動利付き
固定利付き
変動利付き

一般向け国債は物価連動型のものもあります

4 国債は安全なものなの？

理屈の上ではデフォルトもあり得るが、心配してもしょうがない

◉——日本の財政事情はかなり悪い

戦後の日本では、昭和二二（一九四七）年度から昭和三九（一九六四）年度までは収支均衡していて、国として借金の必要はありませんでした。しかし、昭和四〇（一九六五）年度に入って昭和四一年の一月に初めて国債が発行され、その後、発行は常態化しました。

平成三〇（二〇一八）年度の一般政府の赤字は、GDP（国民が一年間に生み出した富の量）の三・八％と、米国を除くと先進諸国で最悪となっています。

また、債務の残高がGDPの二四〇％というのも、英・加の約九〇％、独の約六二％、仏・米の一〇〇％前後と比較しても、かなり高いものです。

◉——借金国家の日本の国債を買っても大丈夫か？

こんなに多額の借金を抱えている日本という国が発行する国債を買い続けても大丈夫でしょうか？

実は、「不毛なので、そのことを考えるのはやめましょう」というのが正直な答えです。

というのも、国よりも安全な債務者（カネの借り手）が存在すると考え始めると、話が面

倒になって、金融の理屈が複雑になりすぎるからです。

また、実際のところはどうかというと、「今のところは心配をしてもしょうがない」というのが筆者の意見です。

なるほど、他の国と比較すると財政状況が悪いことは確かで、日本の政府が借金漬けであることは見てのとおりです。このままの状態が続けば、国債の残高は減るどころか、増える一方になるかもしれません。

しかし、借金そのものは、元本を返済するための資金を誰かが貸してくれている限り、問題にはなりません。一〇〇万円の融資を受けて、元利合計で一〇五万円返済しなくてはならないときに、誰か（同じ人でも別の人でもかまいません）が一〇五万円を貸してくれれば、債務不履行（約束違反）にはならず、倒産しないのです。

日本がやっているのは、元本を返済するために借金を繰り返す「借り換え」の繰り返しです。 倒産する、つまり借金が返せなくなるのは、誰もカネを貸してくれなくなったときで、誰も日本の国債を買わなくなったときに、日本は倒産するのです。

ところで、誰も日本の国債を買わなくなるときというのは、日本人による日本政府に対する信頼が崩れたときです。そのようなことが起きないという保証はありませんが、そのような心配をし始めたら生きていかれないので、心配しないことにしておくのが「お約束」と考えればいいでしょう。

なお、一般的な意味での「倒産」というのは、返済のための資金が借りられないときの他に、借金が増えすぎて、持っている資産を全部売却しても返済できないときというのもあります。

日本の政府がかなりの資産を持っていることは間違いなく、その点からも、日本の政府が借金を返せなくなるというのは、あまり現実的な問題とはいえません。

◉――デフォルト（債務不履行）の可能性はゼロではない

ただ、借金を「返せない」と「返さない」とは別の議論で、日本の国が「返さない」、すなわち**デフォルト**（債務不履行）という選択をする可能性については、一応念頭に置いておきましょう。

マクロ的に、つまり、日本という国全体で考えてみると、国債の利払いや償還をするために増税をすることと、利払いや返済の金額を減らすこととでは、効果は同じです。というのも、どちらの手段も、家計や企業にとってお金が減ることだからです。

私たちの知っている範囲の常識・良識からすると、日本の国が借金を反故《ほご》にするといった無茶なことをやるとは到底思えません。

しかし、国の借金があまりにも膨張してくると、何かドラスティックなことをしなくてはならない日が、いずれはくるかもしれません。

¥ 日本の国債を買っても大丈夫?

日本の財政は悪い!

↓

国債の残高も増える可能性があるが大丈夫?

↓

お金を借りることができれば大丈夫!

↓

でも、日本の信頼が崩れる?

そんな心配をしてもあまり意味がありません!

5 個人向け国債にはどんなメリットがあるの？

投資リスクが比較的低く、少額投資が可能

◉――個人しか購入できない

個人向け国債とは、日本の国が発行する債券である国債のうち、個人向けに発行されたものです。機関投資家はおろか、会社などの法人も購入することができず、売買するとしても個人間での取引しか認められません。

したがって、個人向け国債は、原則として、新規発行のものを買うことになります。売買が個人間しか認められないため、皆が売買する「市場」が形成されないのです。

◉――固定金利型と変動金利型がある

個人向け国債には、利息の利率が発行時から満期まで一定で、満期までの期間が三年の**固定金利型**、同じく期間が五年の固定金利型と、利率を半年ごとに見直し、満期までの期間が一〇年の**変動金利型**があります。

また、投資先としての個人向け国債のメリットには、①国が発行する債券なので、他の金融商品と比べて投資リスクが低い（ゼロではない）、②一万円から、一万円単位で買えるので、少額の投資が可能、などが挙げられます。

個人向け国債とは?

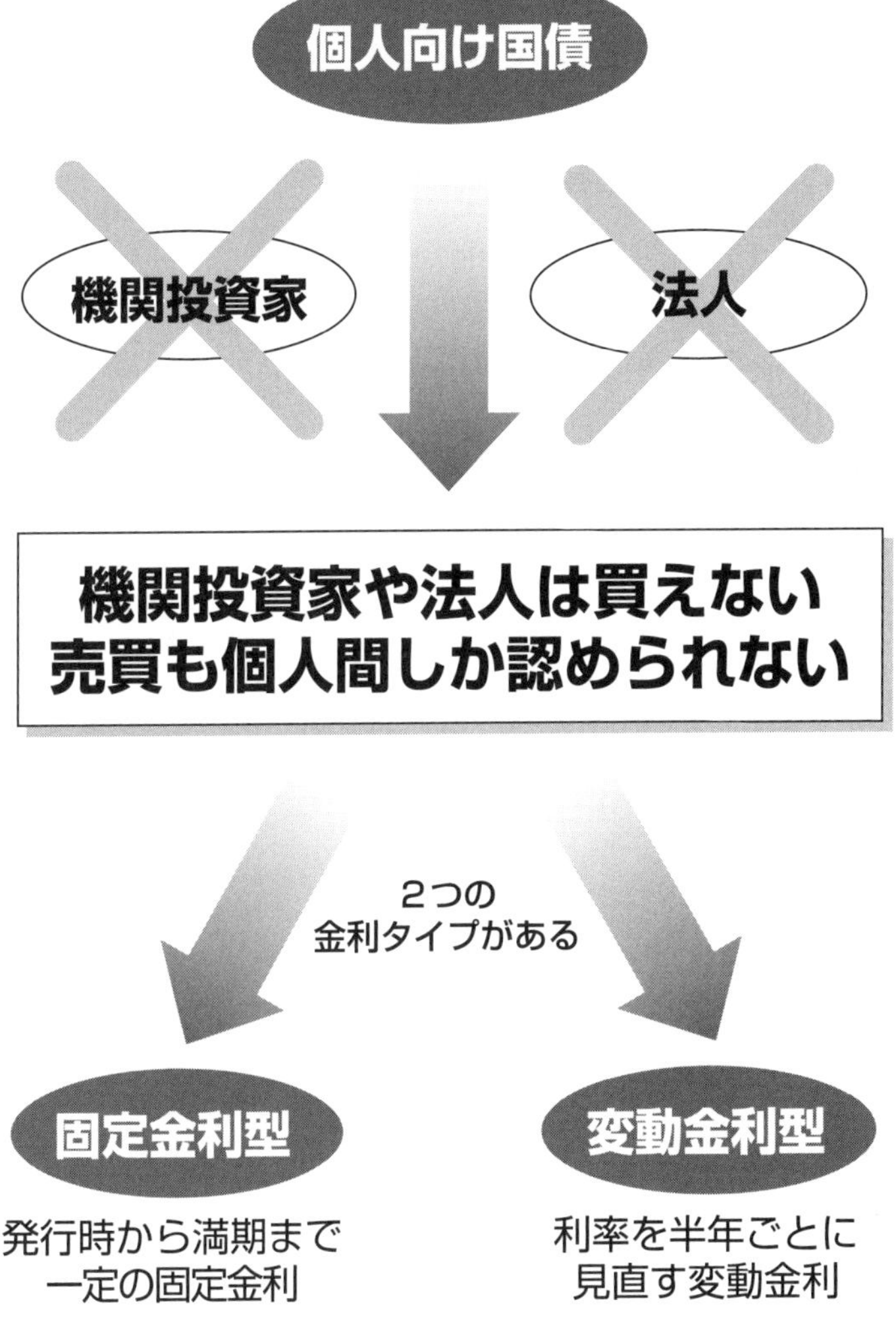

個人向け国債
機関投資家
法人
機関投資家や法人は買えない
売買も個人間しか認められない
2つの
金利タイプがある
固定金利型
変動金利型
発行時から満期まで
一定の固定金利
利率を半年ごとに
見直す変動金利

6 地方公共団体も債券を発行するの？

財政赤字を埋めるには地方債を発行するなど借金するしかない

◉――地方債とは「地方債証券」のこと

地方債というのは「地方公共団体の借金」という意味です。ただ、金融の世界で「地方債」といった場合には、「**地方債証券**」つまり、地方公共団体の政府が発行する債券のことをいうのが一般的です。

平成三〇（二〇一八）年度予算では、地方公共団体の歳出の合計は約八七兆円ですが、**地方税**として直接、地方公共団体に納められるのは約四〇兆円しかなく、**地方譲与税**といって、国が地方公共団体に代わって徴収してくれる税金の分と併せても約四二兆円にしかなりません。

もっとも、「**地方交付税交付金**」といって、国から地方公共団体に交付される金額が約一六兆円あります。なお、この地方交付税交付金があるため、国の財政赤字の額が膨らんでいるという側面があるので、日本の「政府部門全体の財政赤字」を算定しようとするときに、地方公共団体の赤字と国の赤字とを単純に合算することは誤りです。

これらのお金をもってしても不足する分の財政赤字は「借金」をして埋めるしかないのです。

¥ 地方公共団体の債券と財政は?

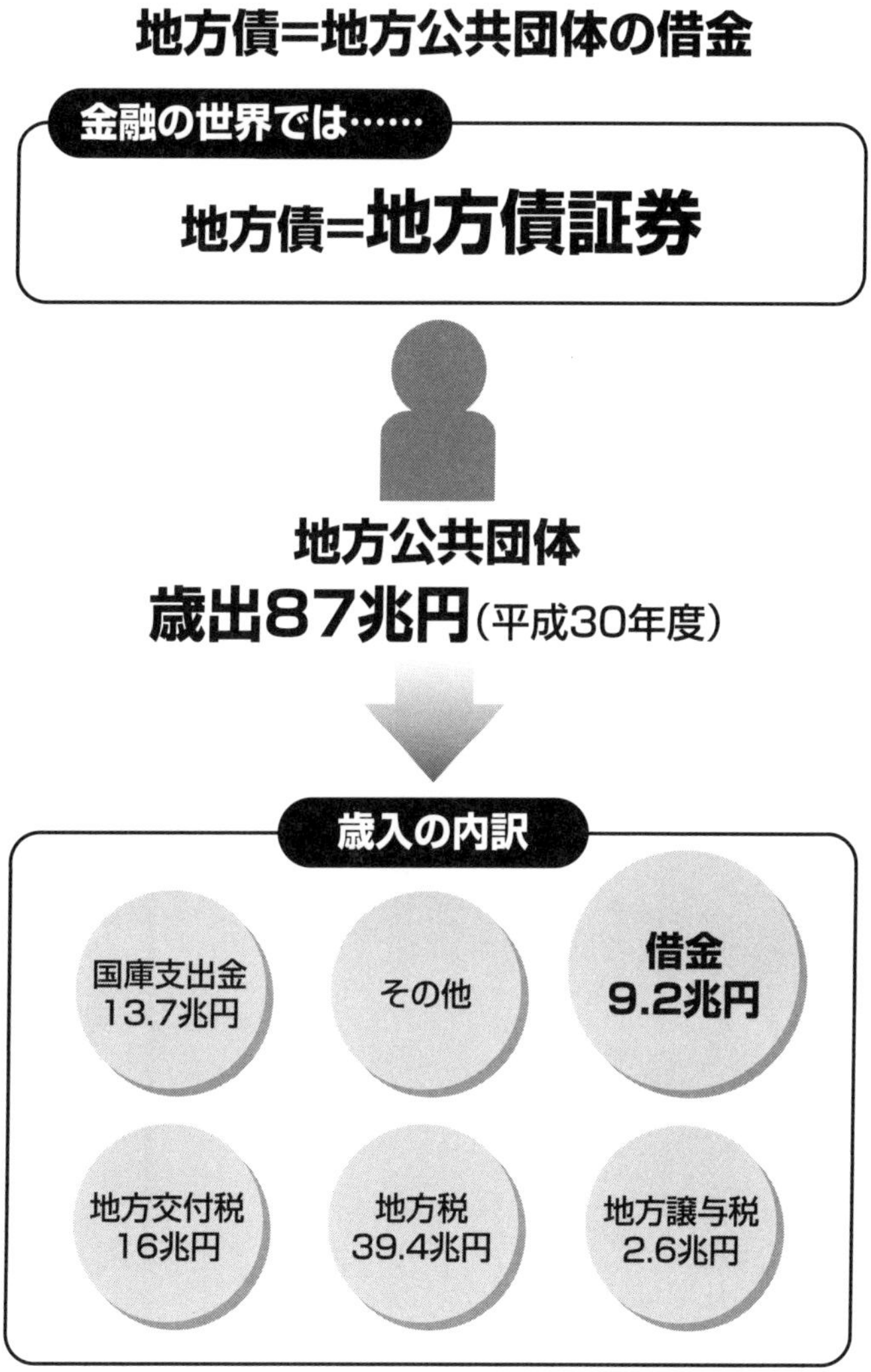

7 会社も債券を発行するの?

会社法で発行手続きが決められた社債で資金調達できる

◉―― **社債は会社が資金調達のために発行する債券**

社債というのは、**会社が発行する債券**のことです。

社債と、銀行など金融機関からの借り入れとが異なる点は、銀行からの借り入れの手続きは法律上厳密に決まっていない一方で、社債の発行手続きは会社法などの法律に細かく規定されている点です。

債券の性格上、社債は投資家の間を転々と流通するなど、将来、誰が社債を保有するかわかりません。そのため、誰が社債を保有してもいいように、厳格な決まりがあります。

なお、二〇〇六年に会社法が施行される前は、社債を発行できるのは株式会社だけでしたが、現在では、合名会社、合資会社、合同会社なども社債を発行することができます。

また、資産流動化法という法律に基づく「特定目的会社」という形の会社は「特定社債」という債券を、また、投資法人・投資信託法という法律に基づく「投資法人」という法人は「投資法人債」という債券を発行することができます。あまり厳密な意味で言葉を用いないときは、これらはすべて「社債」であると考えてほぼ間違いありません。

¥ 社債とは？

▼会社の財政状態を表すバランスシート

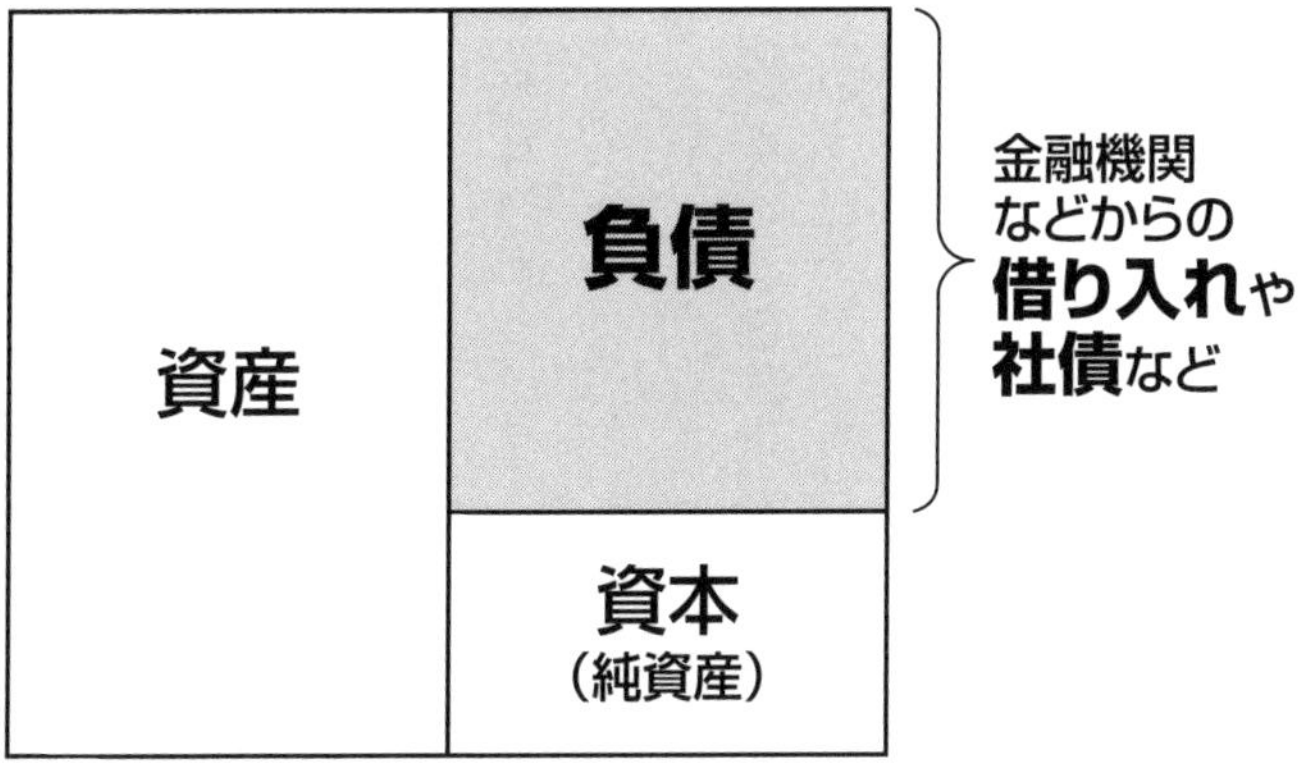

借り入れと社債は…　「返済義務のある借金」という意味で同じ

社債

- 会社が資金調達のために発行する債券で会社法上の概念
- 原則、転々流通（不特定の人への譲渡が繰り返される）を予定している
- 株式会社の他、合名会社、合資会社、合同会社などでも発行が可能
- 発行の手続きは会社法で厳格に決められている

8 債券の発行者の信用度ってどうすればわかるの?

信用格付けを見ることで、一つの目安になる

●──格付け=借金返済能力の「順位」

金融の知識をあまり持たない人が「**格付け**」と聞くと、レストランの星の数やホテルの星の数のことを思い浮かべるでしょう。どちらも、記号を用いて「格」、つまり「ランク」を表しているものです。実は、金融の世界でいう格付けもコンセプトは同じです。なお、特に断らない限りは、金融の世界での格付けは「信用格付け」のことを意味します。

信用格付けとは、「借金の返済能力」について、ランク・順位をつけたものです。

「信用」という言葉は、金融の世界では「融資」とほぼ同じ意味で使うことが多く、「信用格付けが高い・良い」というのは、借りたお金の返済能力が高いことを示しますし、「信用格付けが低い・悪い」というのは、借りたお金の返済能力が低いことを表します。別の言い方をすると、格付けが高い・良いというのは、「倒産リスク」、つまり倒産する可能性が低いということである一方、格付けが低い・悪いというのは倒産リスク、つまり倒産の可能性が高いということです。

債券の格付けとは?

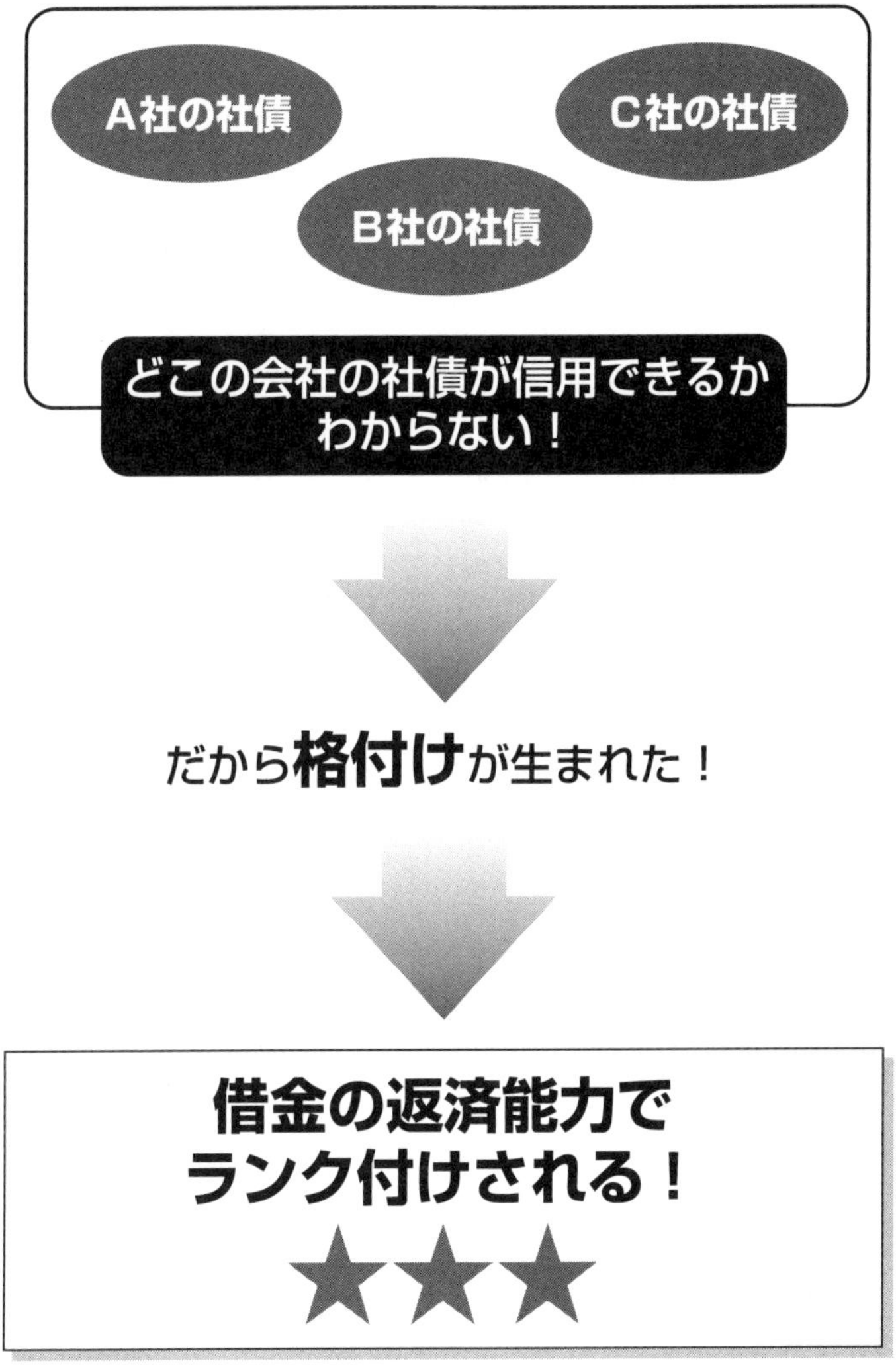
A社の社債
C社の社債
B社の社債
どこの会社の社債が信用できるか
わからない！
だから格付けが生まれた！
借金の返済能力で
ランク付けされる！

9 「格付け」って誰が決めているの？

複数の民間格付け会社が、それぞれ独自の基準で決め、発表している

◉——債券発行者が格付け手数料を払っている

格付けは、「格付け機関」や「格付け会社」と呼ばれる民間の会社が「発表する意見」です。つまり、公的なお墨付きやステータスがあるわけではありません。

格付けを発表するのは、民間かつ営利企業です。国際的には、スタンダード・アンド・プアーズ（S&P）とムーディーズが有名・有力で、どちらが優勢ということはないのですが、この牙城《がじょう》を崩そうと頑張っているのがフィッチです。

では、そもそも、なぜ格付け会社が複数あるのでしょうか？

格付け会社の主たる収入源は、債券の発行者から徴収する格付け手数料です。多くの投資家が格付けを参考に債券投資の意思決定をしており、格付けのない債券は誰も買いません。多くの投資家が格付けを参考にするから、格付け会社の付与する格付けには意味があり、格付けがない債券は投資家が購入しないので、債券を発行して資金を調達するために、発行者が格付け手数料を払うというわけです。

¥ 格付けが高いとどうなる？

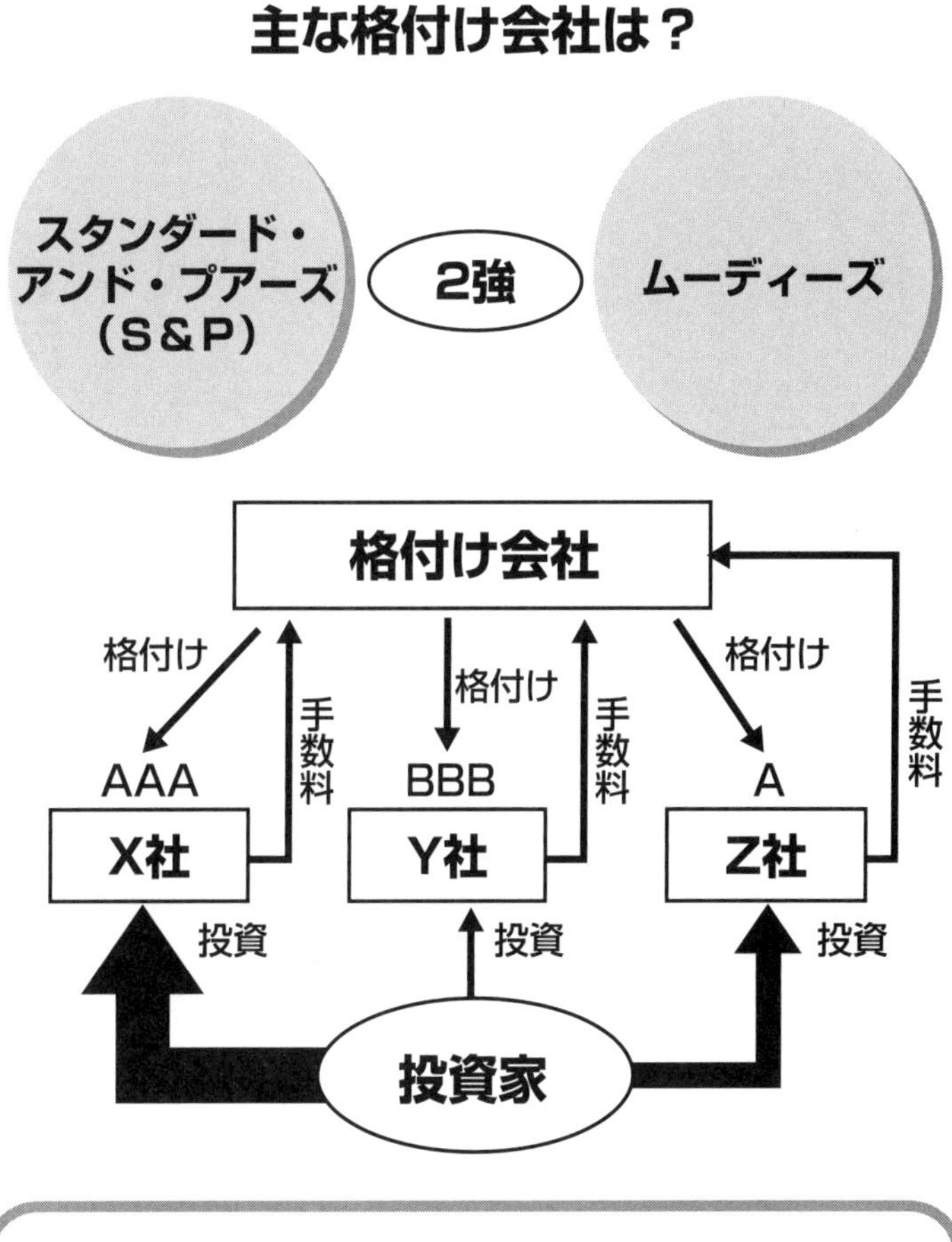

格付けの高いところには大きな資金が流れやすい！

column

「GPIF」って何だろう?

日本の年金制度は三階建てになっており、三階部分は企業年金です。確定給付年金であれば企業年金が運用をしますし、確定拠出年金であれば加入者が運用手法を選択します。

一階部分と二階部分を運営するのがGPIFです。GPIFは「ガバメント・ペンション・インベストメント・ファンド」の英語の頭文字をとった略称で、正式名称は「年金積立金管理運用独立行政法人」です。総運用資産は二〇一七年一二月末時点で一六二兆六七二三億円で、世界最大の機関投資家といわれています。どのくらい大きいかというと、二〇一七年三月末の資産規模としてGPIFが作成した資料によれば、その時点でのGPIFの総資産一四五兆円に対して、ノルウェー政府年金基金-グローバルが一〇二兆円、カリフォルニア州職員退職年金基金(カルパース)が三五兆円、カナダ年金制度投資委員会(CPPIB)が二六兆円ですから、図抜けているといっていいでしょう。

GPIFの資産構成は、二〇一七年一二月末時点で、国内債券、国内株式、外国株式にほぼ四分の一ずつ、外国債券が七分の一程度です。GPIFはESG投資(P68参照)に積極的なことが知られています。また、プライベート・エクイティや不動産などのオルタナティブ資産の割合はまだ〇・一%程度ですが、総資産の五%までは投資できることになっています。いずれも多額の資金が動く可能性があるため、世界中が注目している分野です。

第4章

株・為替・信託について見てみよう

1 「株式」って何だろう？

株式は株式会社の持ち主である権利。株券はそれを表す証券

◉——株式会社が設立や資金調達のために発行

「会社は誰のものか？」。これは古くて、新しいテーマです。外資系の「ファンド」と、経営陣との攻防が話題になるとき、決まって意識されるのはこの質問です。

もっとも、上場会社というステータスであるから、このような論争も起こるわけで、通常は会社の持ち主が誰かなどと悩む必要がないケースのほうが多いでしょう。

世の中に「オーナー企業」は、ある程度規模が大きい会社の中にもありますし、いわゆる中小企業になると、ほとんどがこの部類に入ります。オーナーとは、**株式**の多くを支配している人なのです。

また通常は、株式を持っていると、「配当金」を受け取れます。株式を購入すると、出資者の立場になるので、将来支払われるであろう配当金を目当てとして、株式に投資する人が出てくるのです。

株主は会社の持ち主ですから、会社の資産を全部売却して、そのお金で負債を全部返し、まだお金が残っていたら、そのお金は株主に分配されることになります。

¥ 株式とは?

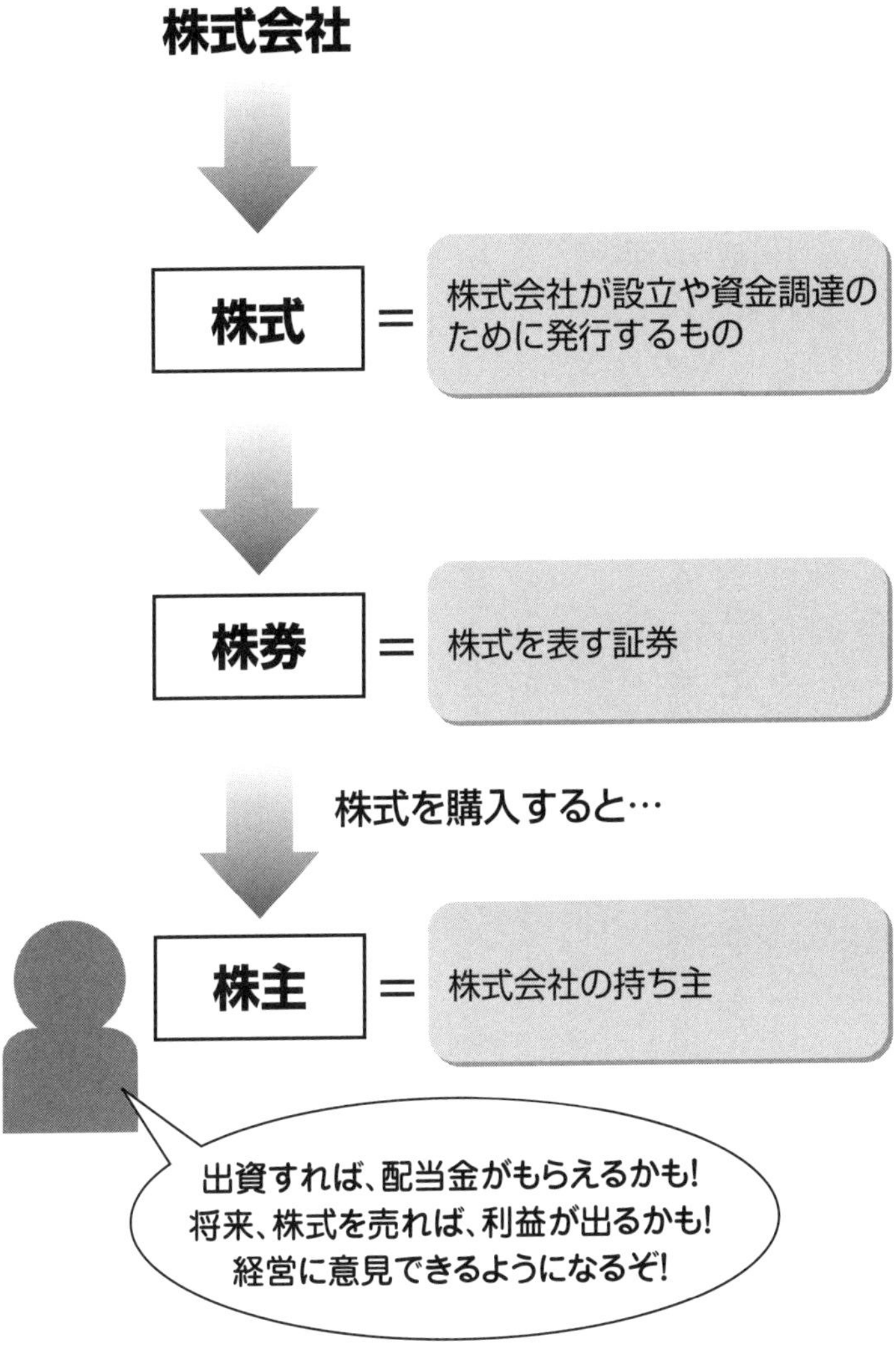
株式会社
株式
=
株式会社が設立や資金調達のために発行するもの
株券
=
株式を表す証券
株式を購入すると…
株主
=
株式会社の持ち主
出資すれば、配当金がもらえるかも!
将来、株式を売れば、利益が出るかも!
経営に意見できるようになるぞ!

2 「上場」って何だろう？

取引所という公の場で取引されるようにすること

◉——価格に透明性が出て、売買が活発になる

上場とは、**証券取引所**（現在、法律上の正式な名称は「**金融商品取引所**」。ただし、固有名詞としては「証券取引所」という名称が引き続き用いられている。Ｐ134参照）の基準に基づいて、特定の金融商品を取引できるようにすることです。

証券取引所の基準というのは、取引の単位であるとか、取引の決済の方法（売買が成立してから、代金と株式を交換するまでの日数など）のことで、ＡさんとＢさんとが勝手に取引する分には、「三五〇株の売買で、決済は一〇日後」といったこともできますが、上場されている証券取引所での取引ではそのようなことはできません。

株式を上場することのメリットを、投資家、社会全体という視点で見ると、取引所市場というの公の場で価格が形成され、価格に透明性が出て、株式の売買が活発になることです。

要するに、誰でも売りたいときに売りたいだけ売れる、買いたいときに買いたいだけ買える、というのが上場のメリットなのです。

そのためには、価格が多くの人の需要（買いたい）と、供給（売りたい）を、適切に反映

上場とは?

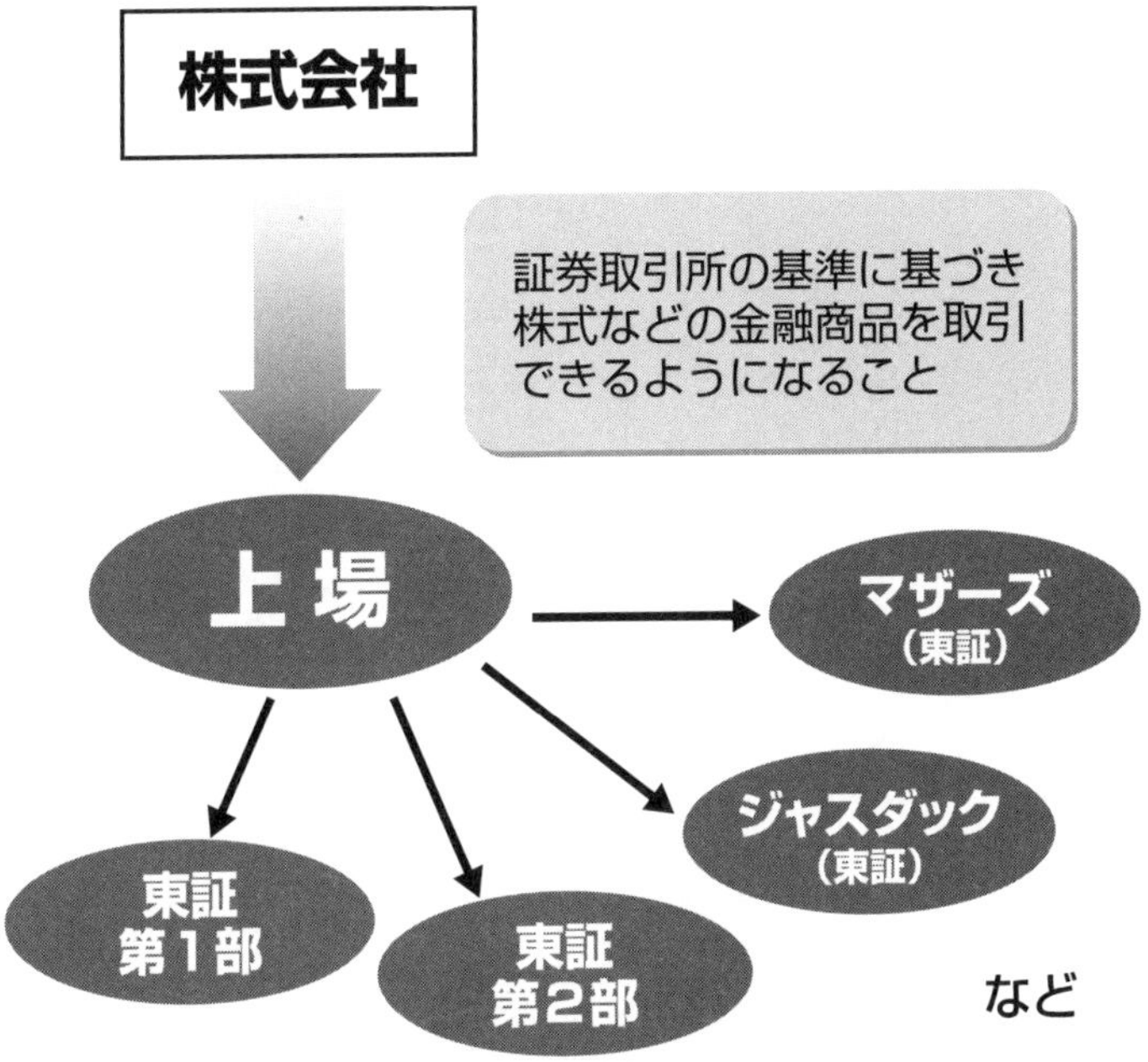

上場のメリット(投資家にとって)

- 市場で株価が形成される
- 透明性がある
- 株式の売買が活発化する

➡ **誰でも株式を売買できる!**

している必要があるのです。

◉――上場する会社の側にもメリットがある

上場する会社の側のメリットは、知名度と信用度の向上です。

上場会社となると、新聞の相場欄に必ず会社の名前が出ます。また、経営陣の交代などがあれば経済紙で報道されるようになります。

知名度が高まることで、ビジネスがやりやすくなったり、優秀な人材を集めやすくなったりという効果があります。

◉――会社乗っ取りなどのデメリットも

ただ、上場にはメリットばかりあるわけではありません。

たとえば、知らない間に株を買い占められたり、突然、TOB（株式公開買い付け）といって、見ず知らずの人が公に会社を乗っ取ろうとすることもあるでしょうし、また、上場するということは、誰が株主になるかわからない状態になるということで、相当面倒な作業が要求されることになります。

また、常に会社の状況を正確に開示するため、「有価証券報告書」「四半期報告書」などの提出が義務づけられていて、これにも手間のかかる作業が要求されます。

上場のデメリットとは?

突然、株式公開買い付け(TOB)されて、会社を乗っ取られる可能性がある!

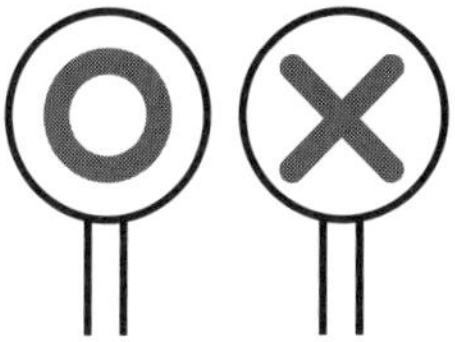

上場のための厳しい審査があり、常に会社の内容を正確に開示する手間が発生する!

その他、株価重視の経営体質など……

上場にはデメリットも多い!

3 なぜ、株価は上がるの？

市場に「株価が上がる」と思う人が多ければ、上がる

◉——株価が上がるか、下がるかは、誰にもわからない

ここでは、**株価**の仕組みを見てみましょう。

なぜ、株価が上がるのか？　たとえば、C社の株を買いたいと思う人の動機は、C社がいい会社で、今後業績が上がりそうだからというのが、表面的な理由であったりします。

しかし、結局のところは「C社の株価が上がりそうだから」というものでしかありません。

一方、C社の株を売りたいと思う人の動機は、C社の今後の業績に懸念があるからというと形式的ですが、実際のところは「C社の株価が下がりそうだから」というものです。

しかし、株価が上がるか、下がるかは、誰にもわかりません。

市場で価格が成立しているとき、その価格では、C社の株価が今後上昇すると思う人と、下落すると思う人の数は、半々と考えられます。

なぜなら、みんなが株価が上がると思っていると、安い株価では取引が成立しません。では、どこまで株価が上がると取引が成立するかというと、「もう上がりすぎ」と思う人（売り手）と「まだまだ上がる」と思う人（買い手）の数が同じになるまでです。

¥ 株価はどう動く?

さまざまな予測が行われるが……

株価が下がる可能性は50%

株価が上がる可能性も50%

株価が上がるか、下がるかは
誰にもわからない！

また、みんなが「株価は下がる」と思っている場合には、今度は高い価格では取引が成立しません。

「もう下がりすぎ」と思う人（買い手）と、「まだまだ下がる」と思う人（売り手）の数が同じになって、はじめて取引が成立します。

◉――株価は欲と心理で動く

金融商品が取引される「相場」には、お金を増やしたい人が集まっているといえます。つまり、基本的には「人間の欲」が支配する世界といえます。

ということは、「株価が安すぎる。まだまだ上がる」と思う人は、「儲けたい」という欲から、「買わずにはいられない」気持ちになるのです。

同じように「株価が高すぎる。まだまだ下がる」と思う人は、「これ以上損をしたくない」あるいは「利益の幅を減らしたくない」という欲から、「売らずにはいられない」気持ちになります。

お金が回る世界であるがゆえに、お金儲けの機会を逃すことは誰もしない。そのために、価格さえ適切であれば、取引は必ず成立するのが金融の世界なのです。

なぜ、株価は上がるのか?

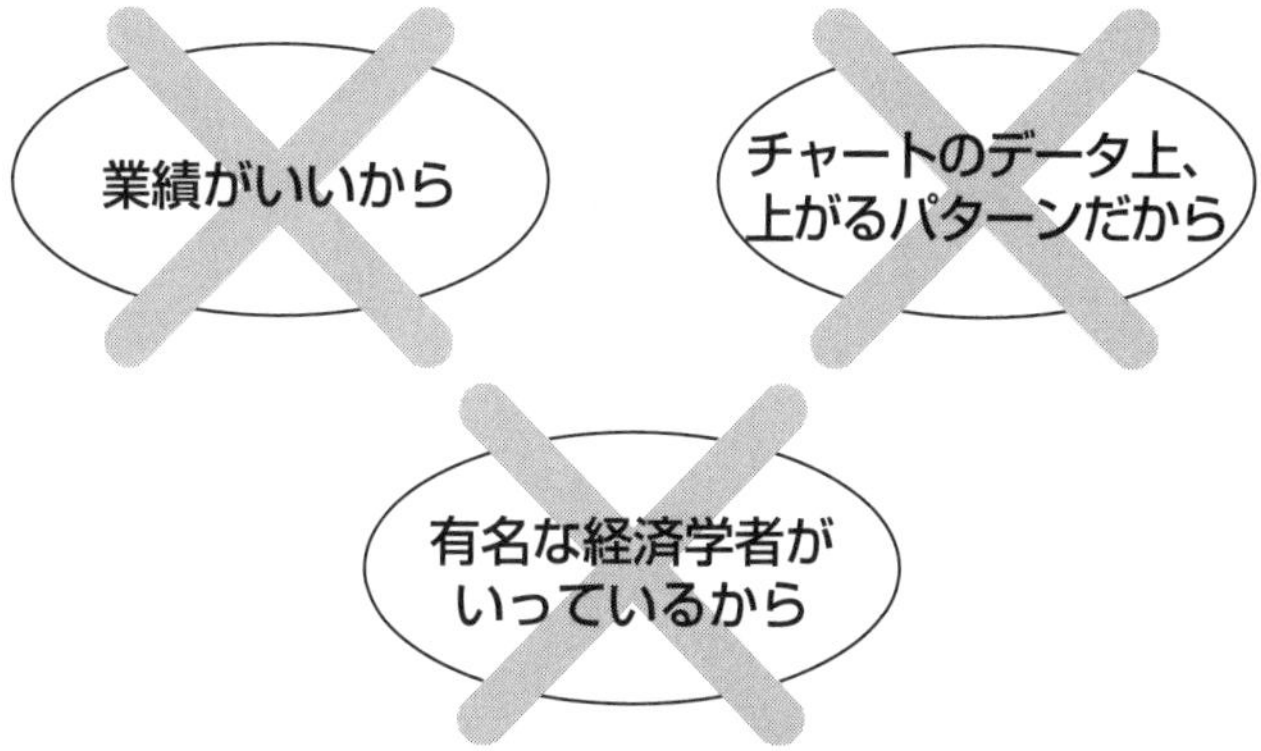

業績がいいから
チャートのデータ上、上がるパターンだから
有名な経済学者がいっているから

実はそうではなくて…

↑株価　まだまだ株価は上がると思っている人が多いと、株を欲しい人が増え、株価が上がる

↓株価　これから株価は下がると思っている人が多いと、損をしたくないと売る人が増え、株価が下がる

株価は欲と心理で動く

4 証券会社の役割って何だろう?

証券会社は、あくまでも投資家(顧客)と取引所とのつなぎ役

◉——顧客の売買注文を取引所で成立させる

私たちが株式の取引をしようとするとき、直接、取引所に注文を出すことはしません。「取引所に注文を出せる人」というのは、証券取引所(P134参照)が決めることになっています。

具体的には、**証券会社**が、顧客である投資家と、取引所の間に入ります。

この場合の証券会社の役割は、顧客の売買注文が取引所で成立するように努力をすることです。このように、自らが取引の主体となるのではなく、顧客の取引成立のために尽力する役割を「ブローカー」といいます。

ブローカーの儲けは、顧客から得られる「手数料」です。

ブローカー側は、顧客が取引をしたあとに市場が変動したとしても、利益も出なければ損失も発生しません。

取引所での取引には取引の相手方がいますが、その相手方も、証券会社を通じて注文を出し、証券会社に手数料を払っているわけです。

証券会社とは?

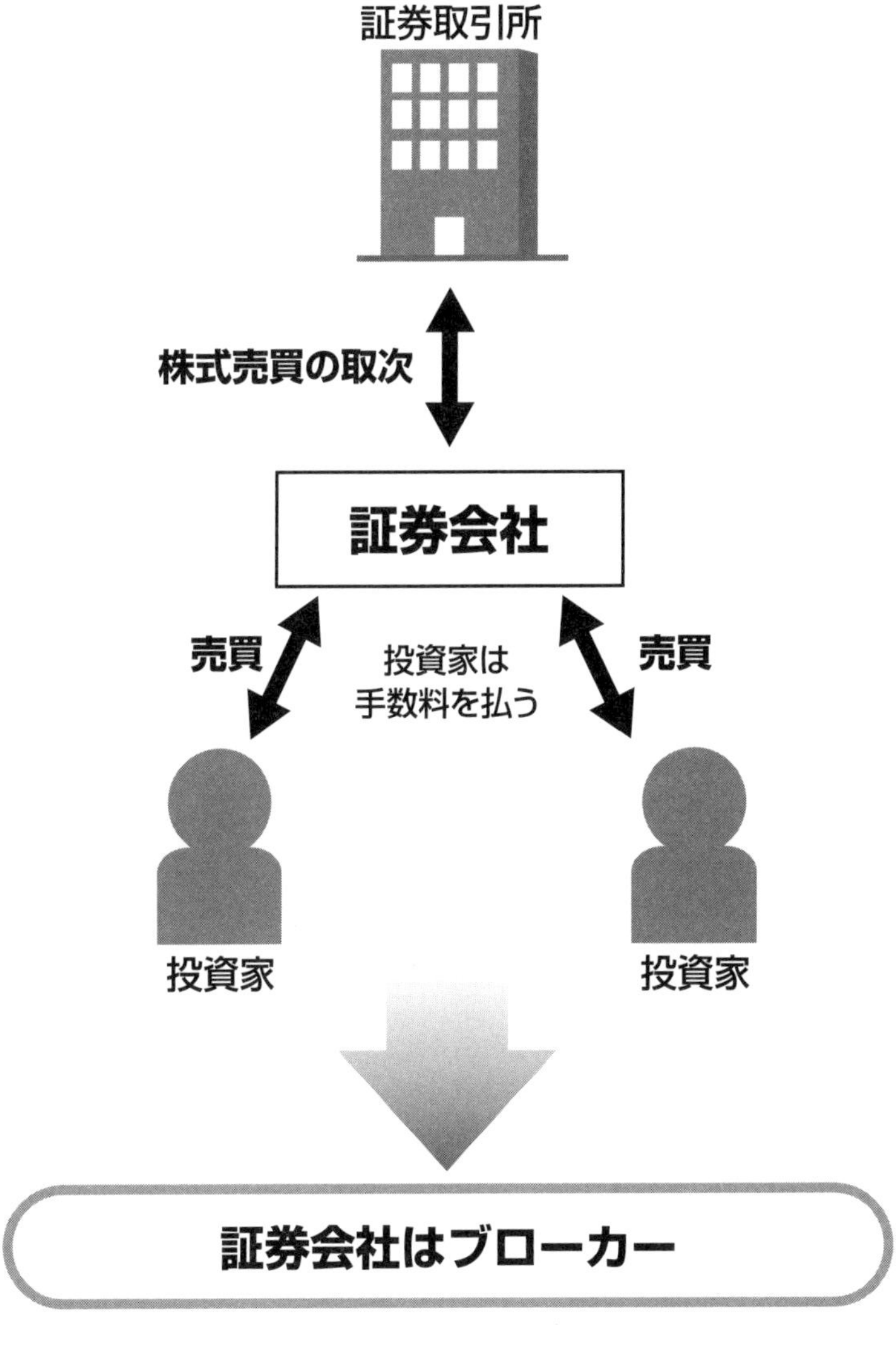

5 「証券取引所」って何のためにあるの？

株式などの証券の取引が円滑になるよう、市場が開設されている

◉——株式市場＝取引所が開設する市場

株式市場という言葉は、「株式を取引する市場」という意味しかありません。市場の役割は、売り手と買い手とが、価格という情報をもとに売買をすること。必ずしも物理的な場所があったり、秩序だっているわけではありません。

しかし、一般的に「株式市場」という表現を使う場合には、**証券取引所**が開設する市場のことを指し、そこでの取引のことをイメージするのが普通でしょう。

◉——正式な名称は「金融商品取引所」

二〇〇七（平成一九）年に証券取引法が生まれ変わった「金融商品取引法」という法律では、「証券取引所」という言葉はなくなりました。

法律上は「証券取引所」から「**金融商品取引所**」とされて、有価証券だけではなく、他の種類の金融商品の取引所についても同じ名称を使うことになったのです。

ただ、それまで「○×証券取引所」であった名称の変更をする必要まではなく、それまでの証券取引所は以前からの名称を使い続けています。

¥ 証券取引所にはどんなものがある?

日本の証券取引所	世界の証券取引所
東京証券取引所	ニューヨーク証券取引所
名古屋証券取引所	ロンドン証券取引所
福岡証券取引所	フランクフルト証券取引所
札幌証券取引所	ユーロネクスト
	香港証券取引所
	ボンベイ証券取引所（旧ムンバイ証券取引所）
	など

証券取引所の
法律上の立場は
「金融商品取引所」
です

6

「信用取引」って何だろう？

お金や株を持っていないときでも、お金や株を借りて取引できる

●──信用取引には「委託保証金」が必要

信用取引とは、お金を借りて株を買い、その株を売却することで借りたお金を返すか、あるいは、株を借りてその株を売り、その株を買い戻すことで借りた株を返す取引です。

お金か株を借りなくてはならないので、信用取引を行うには、「**委託保証金**」と呼ばれる担保を、証券会社に預ける必要があります。

●──保証金は証券会社ごとに異なる

信用取引での保証金は、担保の役割を果たすものです。信用取引が失敗、つまり、投資家の思惑が外れて損失が出たとしても、委託保証金という形での担保によって、その損失額をきちんと負担できることを確実にしておくのです。

その結果、お金や株を貸した証券会社が、損をしないようになっています。

保証金は、取引金額（購入または売却単価×株数）の三〇％以上で、各証券会社が独自に決めることができます。

信用取引とは?

株を買いたいが資金がない!

投資家

株価が下がりそうなので
売りたいが、株を持っていない!

POINT
信用取引なら通常の株式取引では行えない「売りから入る取引」（P.152参照）ができる！

信用取引をするには
「委託保証金」を預ける

➡ 場合によっては、委託保証金は現金だけでなく株式や債券など有価証券も担保として利用可能

お金や株がなくても
株式取引ができるようになる！

7 「NISA」って何だろう？

一定額までの株や投信への投資で得た利益が、非課税となる制度

◉――長期投資への入り口として注目される

株式投資は、必ず儲かるものではありません。しかし、計画的・長期的に投資をすると、預貯金をするよりも財産が増えると信じている人は、筆者も含めて多くいます。

NISA（ニーサ、少額投資非課税制度）とは、株式市場に個人投資家が健全な金額で参加することを促し、財産形成のプラスになるように設計された制度です。具体的には、年間一二〇万円までの新規の投資について、最長五年間は利益に税金がかかりません。新規の投資であることや、一度売却してしまうと、その枠は二度と使えないなどの留意事項はありますが、利益に税金をかけないことで、株式や投資信託への資金流入を促すのです。

二〇歳未満を対象にした、八〇万円までの枠の**ジュニアNISA**という制度があるほか、年間四〇万円までで、期間が二〇年の**つみたてNISA**という制度もあります。ひとり一口座ずつで、金融機関は一年ごとにしか変えられない、NISA口座以外の証券口座との損益通算ができない、などの点には注意が必要ですが、長期投資への入り口としての機能には注目です。

NISA（少額投資非課税制度）とは？

NISAの主な特徴は？

- □ **年間120万円**までの、株や投資信託などの**新規購入分**が対象
- □ 利益（株や投信の値上がり益、配当金／分配金など）が最長**5年間非課税**
- □ 5年後には、**時価**で取得したことになる
- □ 5年後に、再度、NISAに入れて運用することも可能（**ロールオーバー**）

ジュニアNISAの主な特徴は？

- □ **20歳未満**が対象（現行のNISAの子ども版）
- □ **年間80万円**までの、株や投資信託などの**新規購入分**が対象
- □ 利益（株や投信の値上がり益、配当金／分配金など）が最長**5年間非課税**
- □ 5年後には、**時価**で取得したことになる

つみたてNISAの主な特徴は？

- □ 長期投資に適した**投資信託のみ**が対象
- □ **年間40万円**までの新規購入分が対象
- □ 利益が最長**20年間非課税**

8 「外国為替市場」って何を取引しているの？

一ドル札など「お札を取引している」と考えればわかりやすい

◉——一ドル札に価格をつけて売買する

外国為替の仕組みが難しく感じるのは、円という「お金」で、米ドルやユーロといった「お金」の売買をするからです。

お金でお金を「売った」「買った」とやるのは、よく考えると相当直感に訴えないものがあります。

ですから、**外国為替市場とは、「一ドル札」というモノに値段をつけて、皆で売買する場**と考えればわかりやすいでしょう。

どの通貨であっても、取引が一番活発なのは、通常は対米ドルの市場です。

これは、貿易の決済が、主として米ドルで行われることにも関連しています。

したがって、たとえば英ポンドと円とか、ユーロと円という取引をするには、直接、市場で取引されていることもありますが、英ポンド（またはユーロ）と米ドル、円と米ドルという二つの相場を見た上で、理論的な価値・価格を計算することになるのです。

もっとも、私たち日本人からすると、たとえば英ポンドと米ドルの相場や、豪ドルと米ドルの相場にはさして関心がありませんから、世界中のすべての通貨について、対円でのレート（交換比率）が重要です。

ですから、対米ドルの取引であれば、「一ドル札」に対して、一ドル札というモノを売りたい人と買いたい人とが、価格をつけ合っているのが外国為替市場であるといえますし、対英ポンドでは、一英ポンド・コイン、対ユーロでは一ユーロ・コイン、対豪ドルでは一豪ドル・コインなどと、やはり具体的なモノの取引と考えればいいのです。

9 「円安・円高」って何だろう？

円の価格が下がってドルの価格が上がれば「円安・ドル高」

◉──円安・円高とは、円を中心に見た相場の変動

取引というのは「交換」であって、交換に重要なのは「比率」です。

たとえば、一ドル＝一〇〇円から、一ドル＝一二五円へと相場が急変したと考えましょう。この相場変動を、ドルではなくて円を中心に考えると、一円＝一セント（一セントは〇・〇一ドル）から、一円＝〇・八セントに動いたことになります。

ドルを中心に考えると、価格が上昇したことになりますが、円を中心に考えれば価格が低下したことになります。

ドルが高くなったと考えればドル高ですし、円が安くなったと思えば**円安**です。両者がいっていることは同じです。だから「円安・ドル高」なのです。

円高はこの逆で、一ドル＝一〇〇円から、一ドル＝八〇円へと動いたような場合です。ドルを中心に見ると、ドルの価格が下がっているからドル安です。

しかし、円を中心に見ると、一円＝一セントから、一円＝一・二五セントへと動いていますから、円の価格は上昇しています。つまり、円高になっているのです。

¥ 円安・円高とは?

円安・ドル高

円の価格が下がり、ドルの価格が上がること

ドル中心 だと… 1ドル＝100円 →1ドル＝125円 **ドル高**

円中心 だと… 1円＝1セント →1円＝0.8セント **円安**

円高・ドル安

円の価格が上がり、ドルの価格が下がること

ドル中心 だと… 1ドル＝100円 →1ドル＝80円 **ドル安**

円中心 だと… 1円＝1セント →1円 ＝1.25セント **円高**

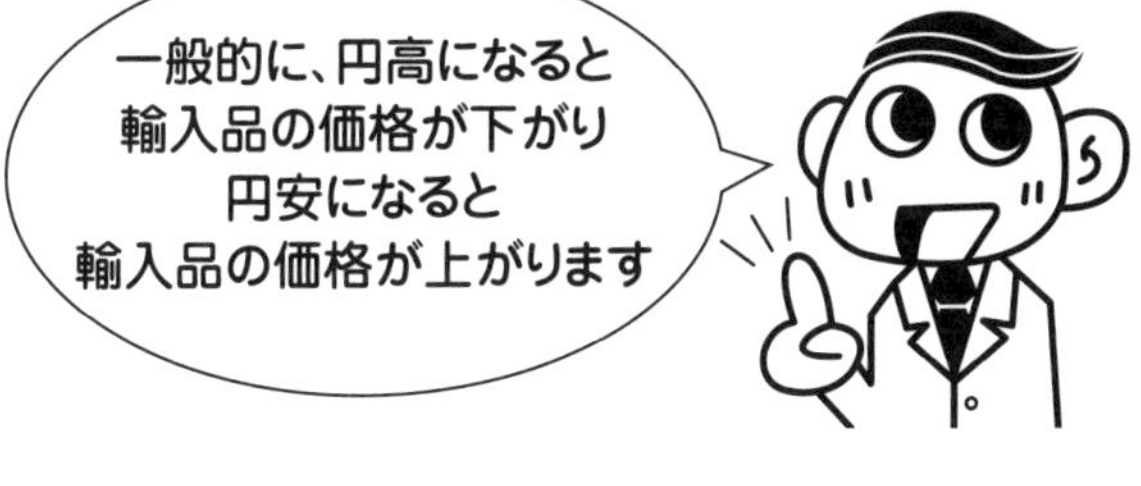
一般的に、円高になると
輸入品の価格が下がり
円安になると
輸入品の価格が上がります

10 外国為替の取引はどのように行われるの？

銀行などが「売りたい価格」と「買いたい価格」を提示して、顧客と取引する

◉――取引所がないのに、どうやって取引をするのか？

外国為替には、株式市場にとっての証券取引所のような「整備された市場」はありません。取引所がないのに取引ができるのは、顧客からの注文を受けた金融機関が、顧客の取引相手になるからです。

たとえば、輸出が好調な自動車会社が代金として受け取った一億ドルを売却したいときには、取引先の銀行に電話をして、どのレート（交換比率）で取引できるかを問い合わせます。

この銀行が一ドル＝一一五円というレートで一億ドル買うといい、売り手である自動車会社もそのレートに満足すれば、このレート（米ドルの価格）で取引が成立します。

同様に、輸入代金の支払いのために二億ドルを必要とする商社がドルを購入する場合も、取引先の銀行に電話をし、レートの提示を受けることになります。

この銀行が、一ドル＝一一六円というレートで二億ドルを売るといい、買い手である商社がそのレートに満足すれば、やはりこのレートで取引が成立するのです。

外国為替はどう取引されるか?

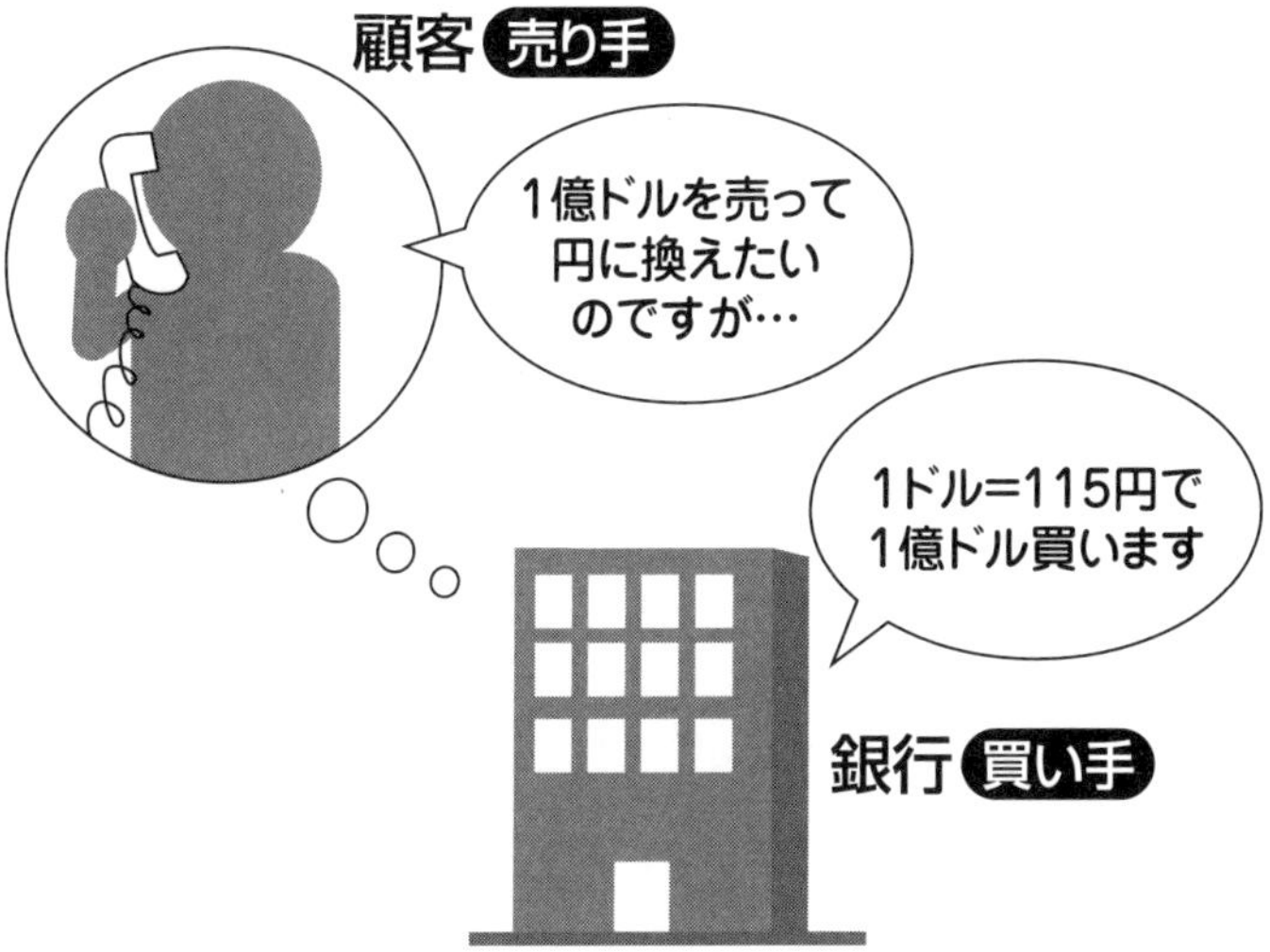

売り手と買い手が
どちらも満足すれば
取引成立!

整備された取引所は必要ない

◉──「ビッド」と「オファー」とは?

テレビのニュースで、外国為替のレートが映し出されるときには、たいてい「一一五円五〇銭－五五銭」と、数字が二つ並んで出てきます。

また、ラジオのニュースであれば、「現在の外国為替市場で、ドルは一一五円五〇銭から五五銭で取引されています」といったりします。

これらはいずれも、銀行が顧客との取引の相手方になることと関連しています。

これらは「ビッド」と「オファー」という言葉で表されます。

ビッドとは、「この価格で買いますよ」と相手が提示している価格です。だから、顧客がドルを売りたい場合には、銀行が提示するビッドの価格で売ることができます。

オファーとは、「この価格で売りますよ」と相手が提示している価格になります。だから顧客がドルを買いたい場合、銀行が提示するオファーの価格で買うことができます。

この例でいうと、このレートを表示している銀行は、

「一一五円五〇銭で（顧客から）ドルを買います」

「一一五円五五銭で（顧客に）ドルを売ります」

と、いっているのです。顧客の側から見ると、ドルを売りたいときには、この銀行に対して一ドル＝一一五円五〇銭で売ることができますし、ドルを買いたければ一ドル＝一一五円五五銭で買うことができます。

¥ ビッドとオファーを理解しよう！

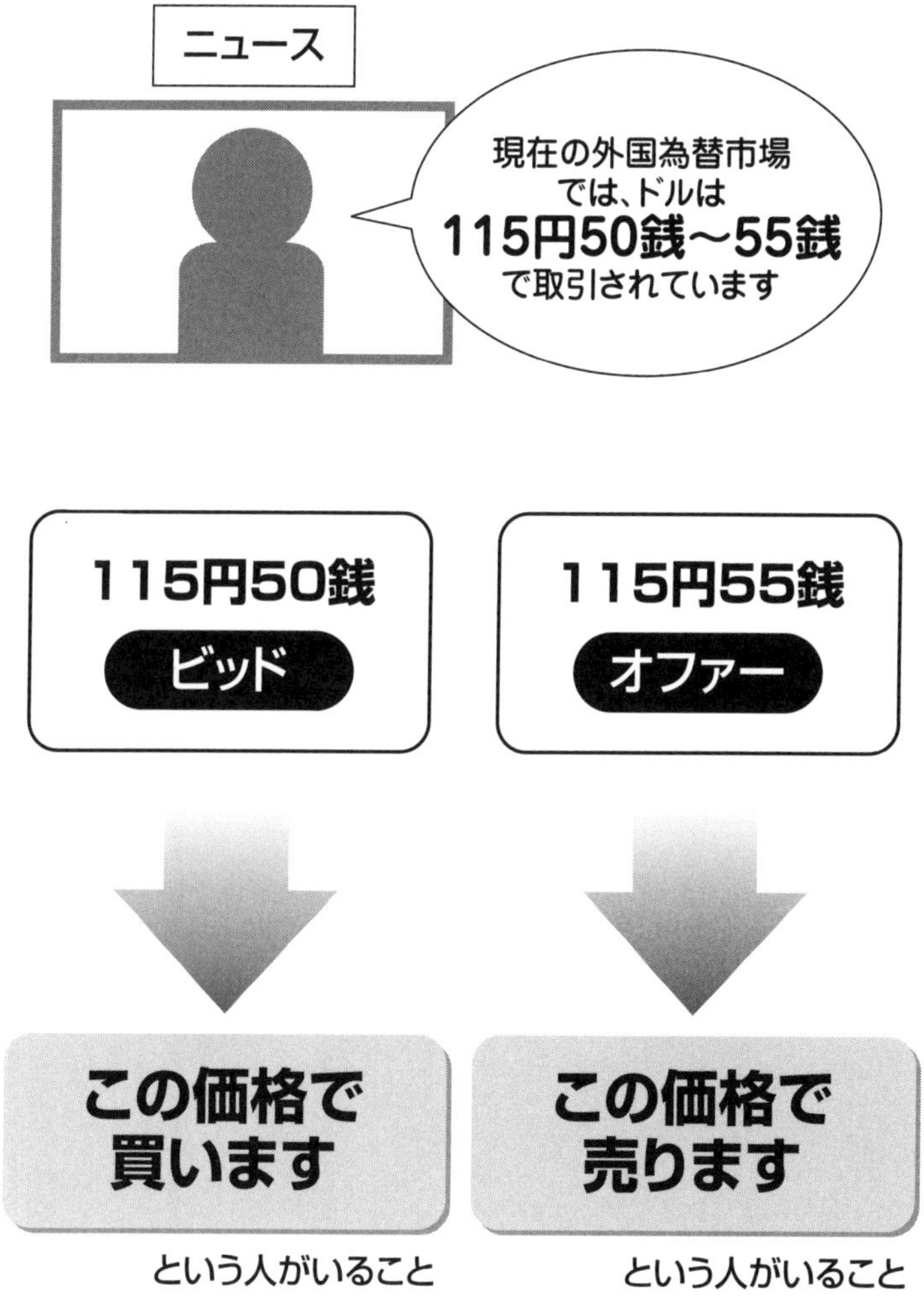
ニュース
現在の外国為替市場
では、ドルは
115円50銭～55銭
で取引されています
115円50銭
ビッド
115円55銭
オファー
この価格で
買います
という人がいること
この価格で
売ります
という人がいること

11 「FX」って何だろう？

手もと資金の何倍もの額の、外国為替の取引ができる

◉──少ない資金でもレバレッジにより大きな取引が可能

FX（外国為替証拠金取引）とは、外国為替の取引を、借りたお金でやるものと考えればいいでしょう。

「一米ドル＝一二〇円」のとき、一万ドル分の取引をするためには、通常、一二〇万円の日本円（ドルを買うとき）か、あるいは一二〇万円分のドル（ドルを売るとき）が必要になります。ところがFXでは、その資金の一部を用意すれば、それを「証拠金」という担保扱いにして、必要な資金を貸してくれるのです。

必要な資金と、その資金に対して取引できる金額の比率のことを、「**レバレッジ**」（梃子《てこ》の意味）」といいます。平成三〇（二〇一八）年二月現在、個人のFX取引のレバレッジの上限は、二五倍となっていますから、先ほどの例だと、「一二〇万円÷二五＝四万八〇〇〇円」の手もと資金があれば、取引ができることになります。

ただし、取引後に相場が思惑と反対方向に動いた場合には、追加で資金を出さなくてはなりません。

¥ FX（外国為替証拠金取引）とは？

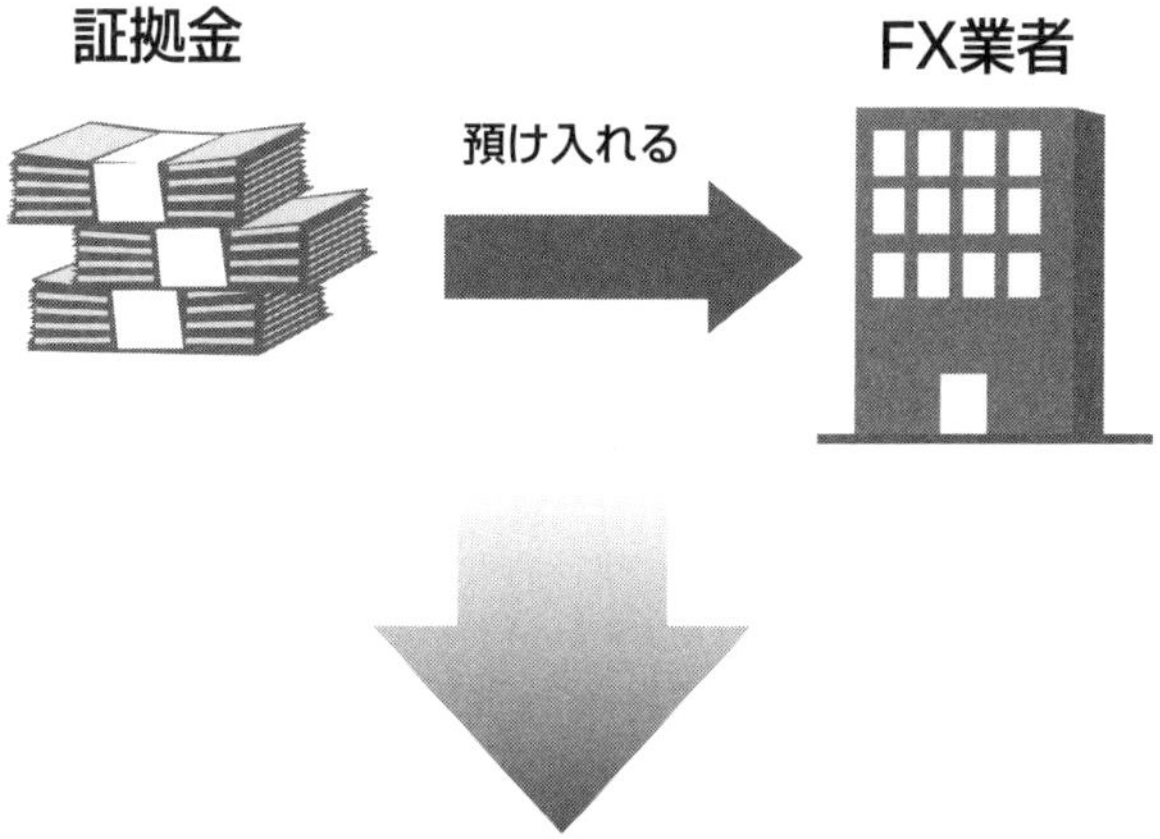

▶証拠金の何倍もの外国為替取引ができる

＝

レバレッジという

▶証拠金取引はレバレッジがかかるので
大きく儲かる可能性があるが
大損する可能性もある

儲かる場合も、損する場合も
レバレッジがかかる！

◉——金利の高低差からスワップ・ポイントが発生する

また、「スワップ・ポイント」とは、FXで「買った通貨」と「売った通貨」の、金利の差を調整するためのものです。

先ほどの例で、ドルを買い、円を売ったとしましょう。このとき、売るための一二〇万円は銀行から借りてこられるため、そこでは利息がかかります。その利率（年利）が〇・一％だとすると、一年あたりの利息は一二〇〇円です。

他方、一二〇万円で買った一万ドルは、お札で持っているわけではなく、銀行に預金されます。この利率が一・五％だとすると、一年あたりの利息は一五〇ドルです。

つまり、他の条件が同じであれば、このFX取引では一年間の利払いが一二〇〇円、利息受け取りが一五〇ドル発生します。これを日割りで計算して、毎日集計するのがスワップ・ポイントなのです。

円は、他の国よりも金利が低いので、円を売り、外国通貨を買うというFX取引では、スワップ・ポイントは受け取りになるのが普通です。

FXの取引相手は、FX業者である取引が一般的です。なお、東京金融取引所では、FX取引が上場されていて、さまざまな通貨の取引を上場取引として行うことができます。上場取引であっても、スワップ・ポイントも計算されています。

スワップ・ポイントとは?

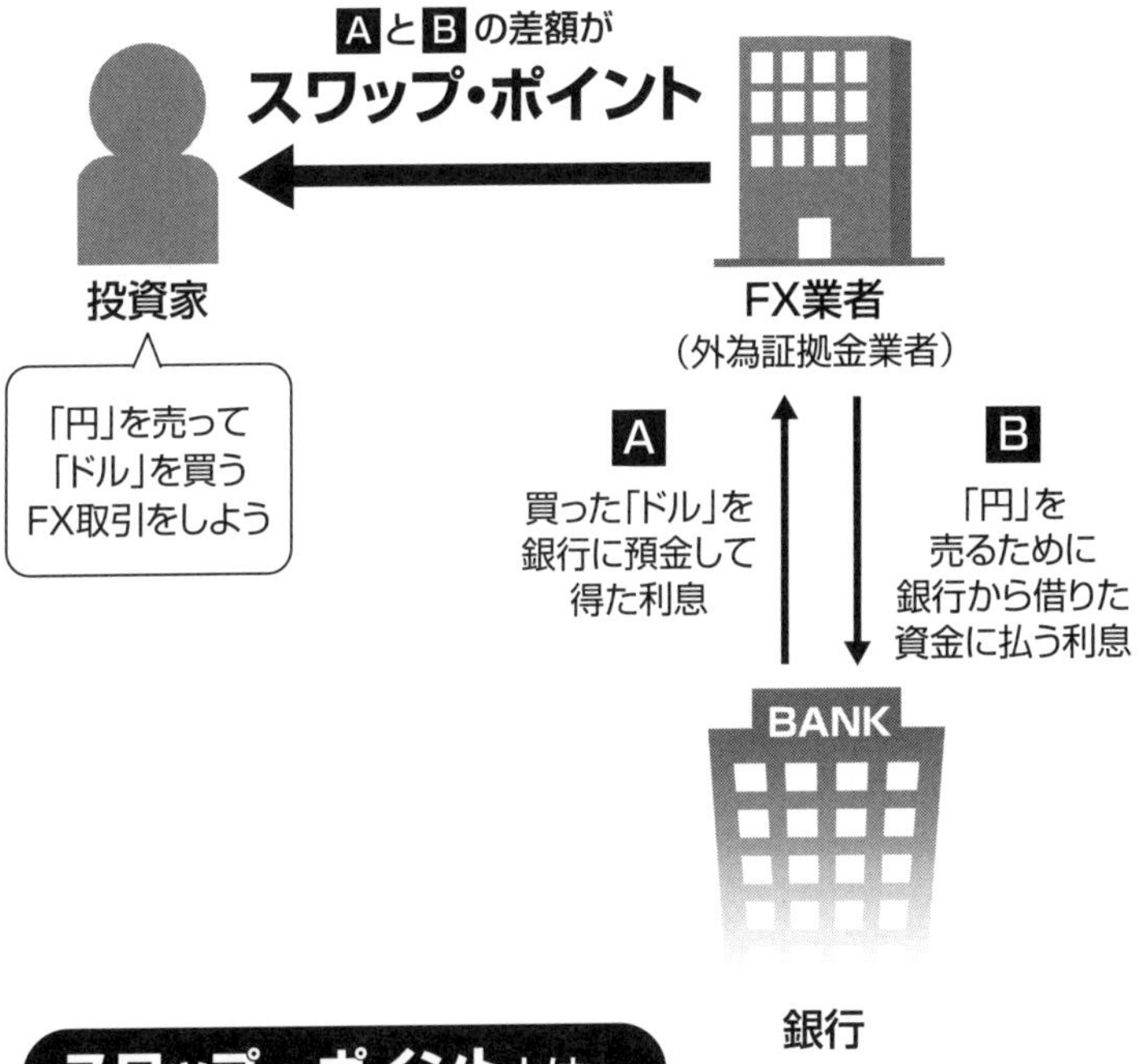

AとBの差額が
スワップ・ポイント
投資家
「円」を売って
「ドル」を買う
FX取引をしよう
FX業者
(外為証拠金業者)
A
買った「ドル」を
銀行に預金して
得た利息
B
「円」を
売るために
銀行から借りた
資金に払う利息
BANK
銀行

スワップ・ポイントとは…

買い通貨(プラス)と、売り通貨(マイナス)の金利差の授受

買い通貨は、銀行預金で利息を稼ぐ

売り通貨は、資金を借りているので利息を払う

「円」は外国通貨(外貨)よりも金利が低いため、円売り/外貨買いは、スワップ・ポイントを受け取れる

12 取引で「売りから入る」ってどういうこと？

「高いときに売って、安くなったら買い戻す」という金融取引

◉——ヘッジ・ファンドもよく使う手法

「売りから入る」といわれても、一般的な感覚だとなかなかわかりにくいと思います。

信用取引やFX取引、デリバティブ（P178参照）の取引でよく使われる手法で、ヘッジ・ファンド（P210参照）もよく使う手法として知られています。

「売りから入る」というのは、安値で買って高値で売るのと逆で、安くなりそうだから先に売って、値下がりしたところで買い戻す契約をすることです。

なぜ、そんなことができるのかというと、持っていないお金は借りればいいのと同様、持っていないものは借りてくればいいのです。

もちろん、無料で借りてくることはできず、「証拠金」を使った取引をすることになるのが一般的です。たとえばFX取引であれば、証拠金を担保にドルを借り、その借りてきたドルを売ったりします。

「どこかで買い戻す約束ができるなら、先に売ったことにできますよ」という契約が「売りから入る」ということだといえます。

「売りから入る」とは?

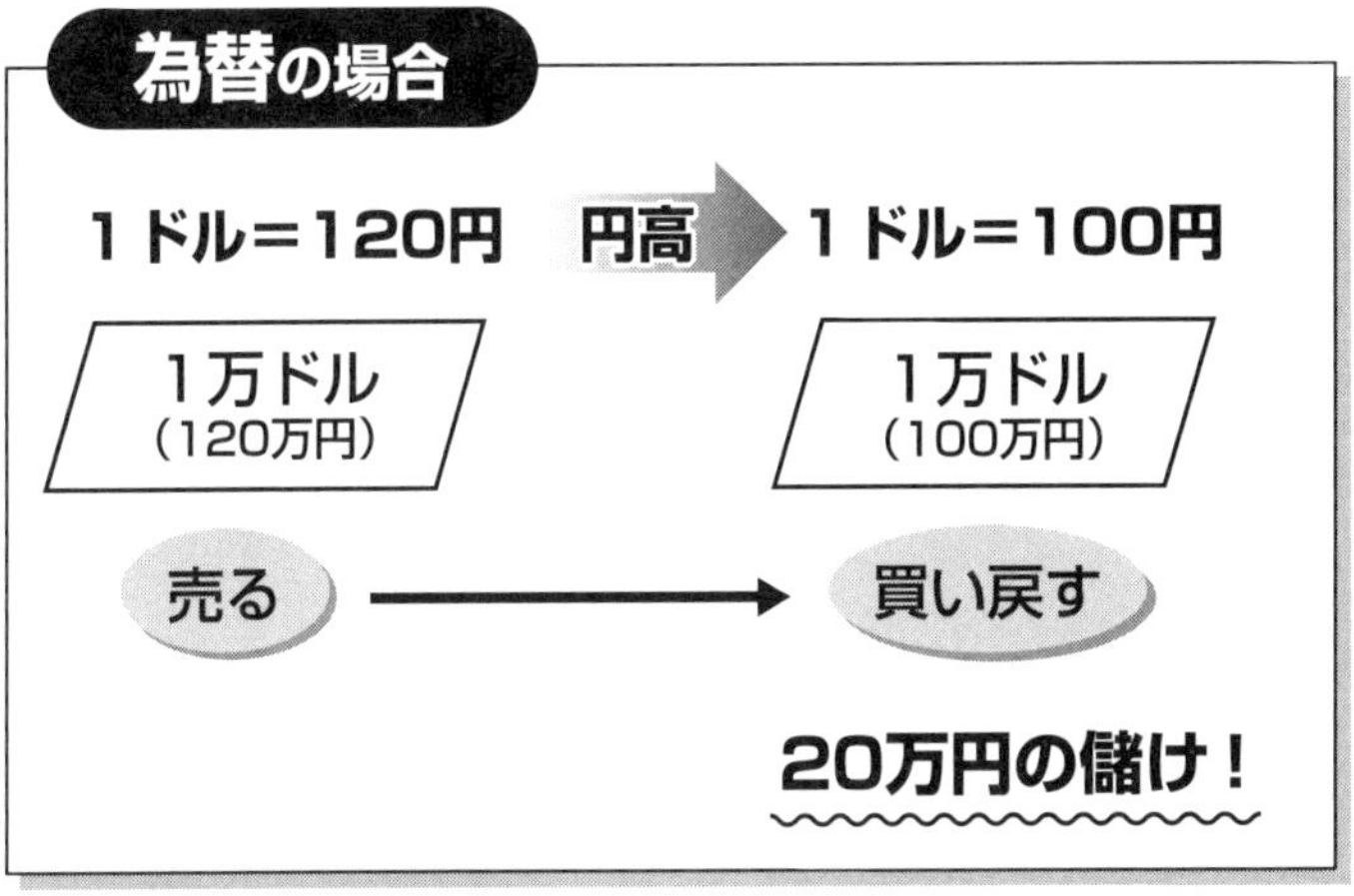

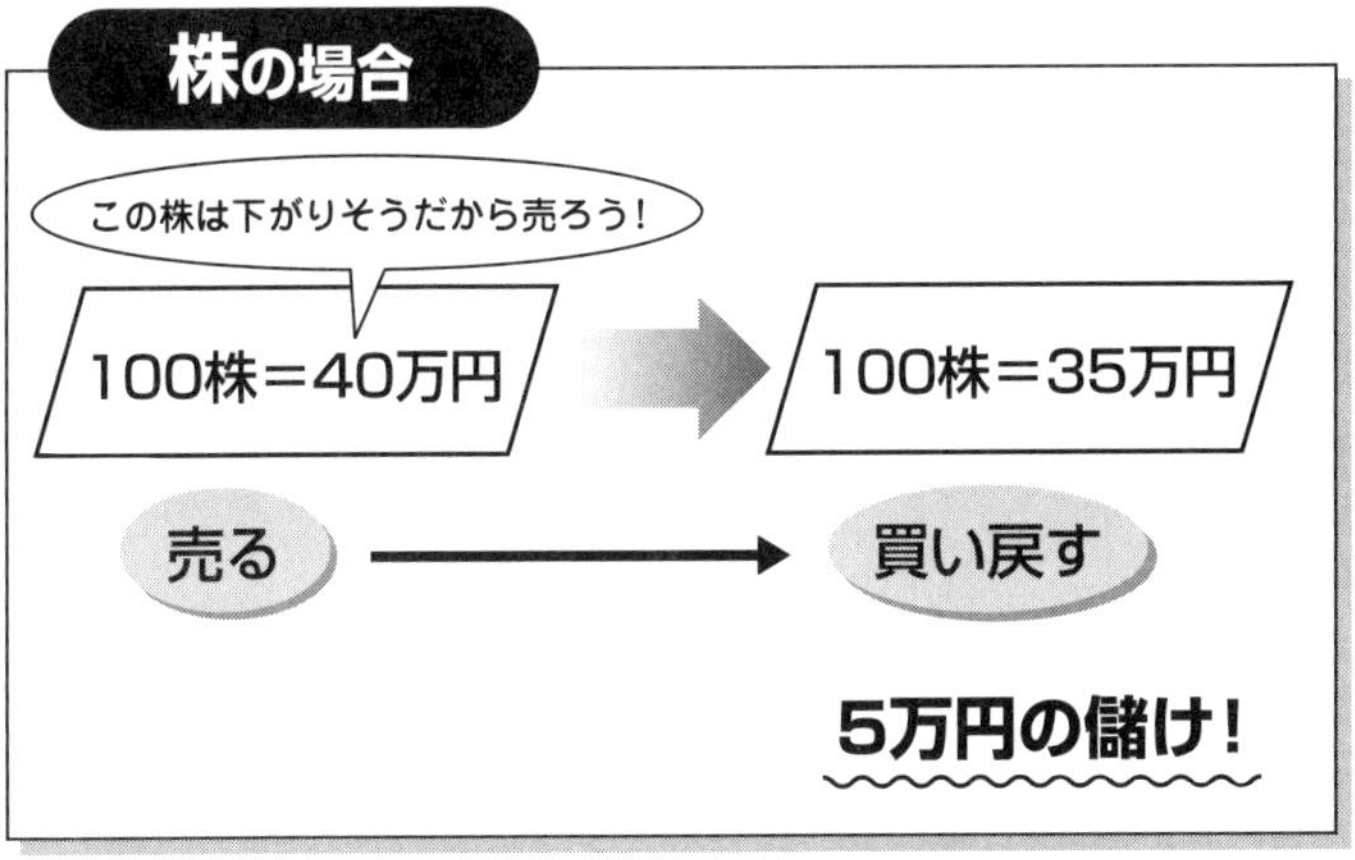

相場が悪いときでも利益が出せる！

13 なぜ、原油が上がると株価が上がるの？

原油価格が上がるとインフレの要因となり、株価も上がると考えられる

◉――インフレになると投資が増える

金融関連のニュースを見ていると、株価や外国為替レートだけではなく、**原油価格**についても触れられることがあります。

一般的には、原油価格が高騰すると、株価も上がりやすいといわれています。

一見すると、調達などにコストが余計にかかったり、株価が下がりそうな気もします。

それでは、なぜ、原油価格が上がると、株価が上がるといわれるのでしょう？

原油価格が上がるということは、それに関わる石油製品、プラスチック、化学繊維などの価格も上がります。これらのモノの価格が上がるということは、**インフレ**になる可能性が出てきます。

インフレとは前述したとおり、お金の価値が下がり、モノの価格が上がることなので、個々人が持っている現金や預貯金の価値が下がってしまい、株などに投資をする傾向が高くなるといわれているからです。

原油価格と株価の関係

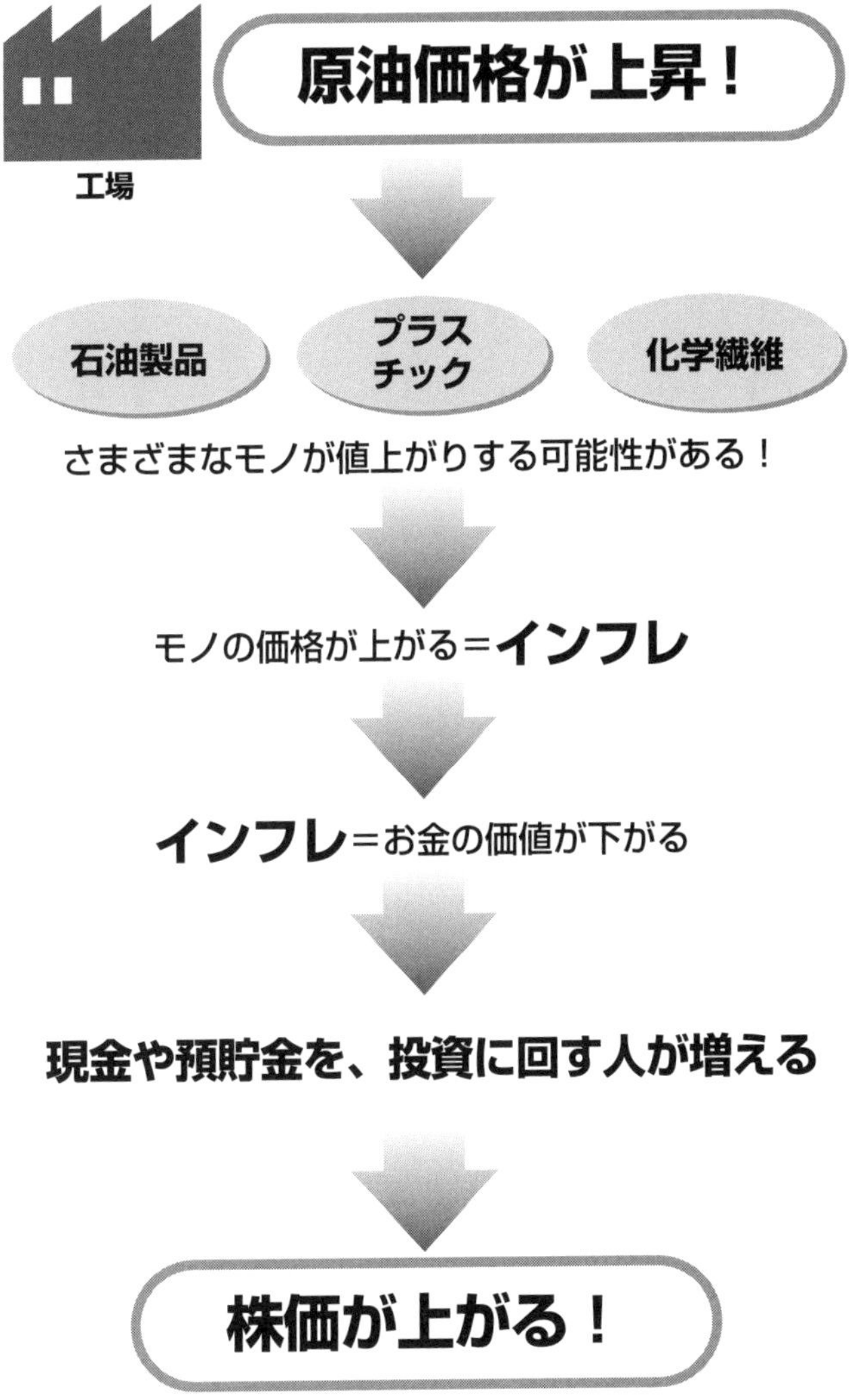
原油価格が上昇！
工場
石油製品
プラスチック
化学繊維
さまざまなモノが値上がりする可能性がある！
モノの価格が上がる＝インフレ
インフレ＝お金の価値が下がる
現金や預貯金を、投資に回す人が増える
株価が上がる！

14 「円キャリー・トレード」って何だろう?

円を借りて、外貨建ての資産を購入する取引手法

◉──通貨の金利差により儲ける

日本の金利は、歴史的にも、国際的にも、低い水準が続いています。一方、諸外国を見ると、二%、三%は珍しくなく、トルコのように軽く一〇%を超えるところもあります。

この金利差を見ると、金利の低い通貨を借りて、金利の高い通貨で資金運用をすれば、儲かるのではないかという気になります。

円キャリー・トレードとは、まさにその発想に基づく金融取引で、円を〇・一%で借りて、米国債を二%で運用する、などといった取引の総称です。

実際には、外貨建ての資産が預金や債券など安全性の高いものである必要すらなく、資産の購入資金を、円を借りてまかなう取引は、すべて円キャリー・トレードと考えていいでしょう。

円キャリー・トレードは、**ヘッジ・ファンド**と呼ばれる海外の特殊な投資信託が多用する取引手法として知られています。

¥ 円キャリー・トレードとは?

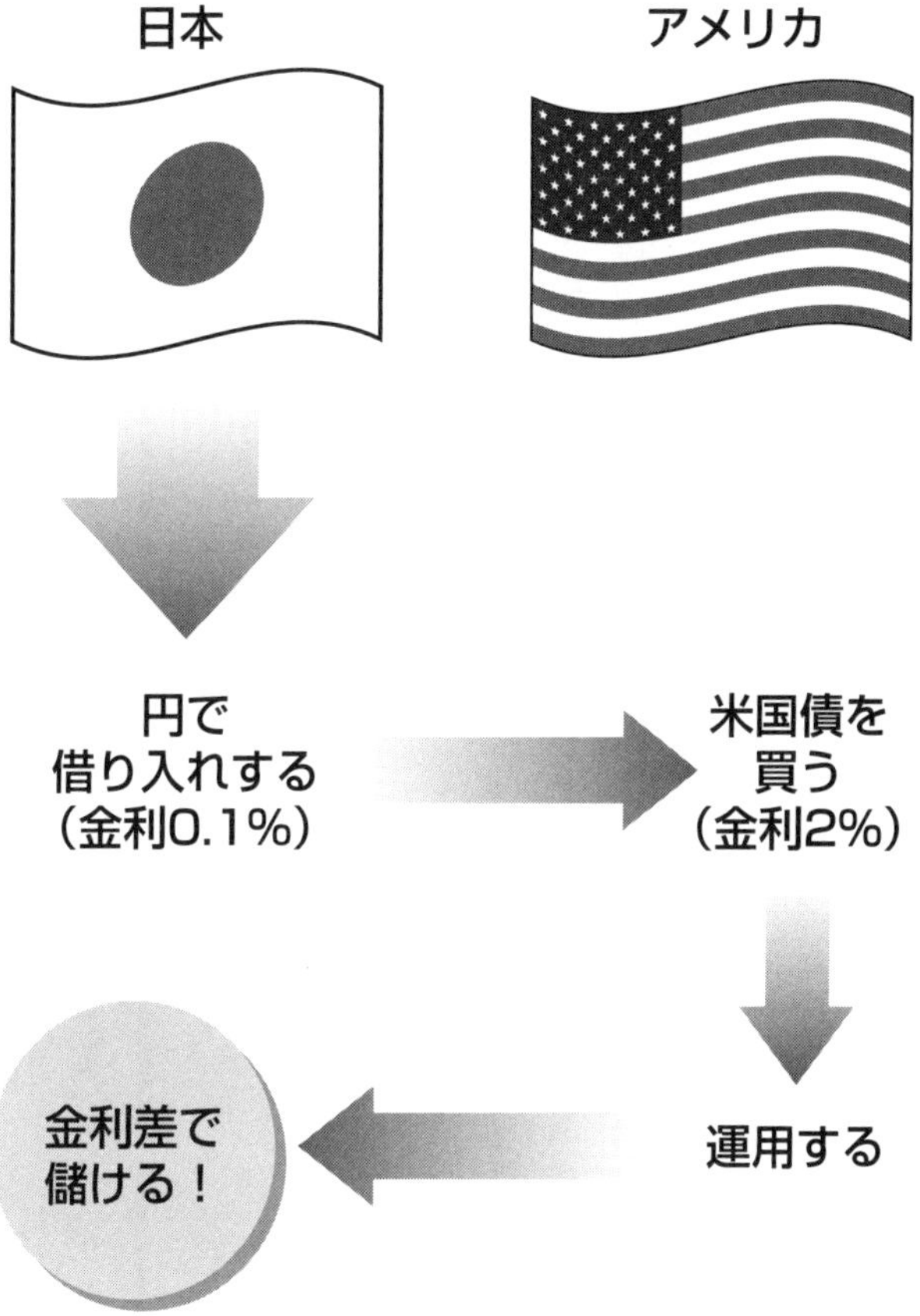

ヘッジ・ファンドがよく使う手法！

(ヘッジ・ファンドに関してはP210へ)

15 「信託」って何だろう？

財産を「頑丈な箱」に入れて、管理・運用すること

◉――他人を信じて、財産の管理・運用を託す

信託というのは、財産を「頑丈な箱」に入れて、他人からの影響を避け、その財産を管理・運用することです。

「財産」というのは何らかの価値のあるもののことで、お金や不動産などと考えればいいでしょう。そのような財産を管理したり、あるいは「運用」、つまりその財産を投資したり、貸したりすることで利益を上げようとするのが、信託というものなのです。

信託には、財産を持っていて、その財産の運用や管理を託す「**委託者**」、その運用や管理を請け負う「**受託者**」、運用・管理のメリットを受ける「**受益者**」という人たちが登場します（Ｐ161参照）。なお、この三者がすべて別々である必要はありません。

このうち「受託者」は、運用・管理を請け負った財産を「頑丈な箱」に入れる、つまり、自分の財産や自分に信託された別の財産から切り離し、他のヒトや他の財産からの影響を排除しなくてはなりません。

信託とは?

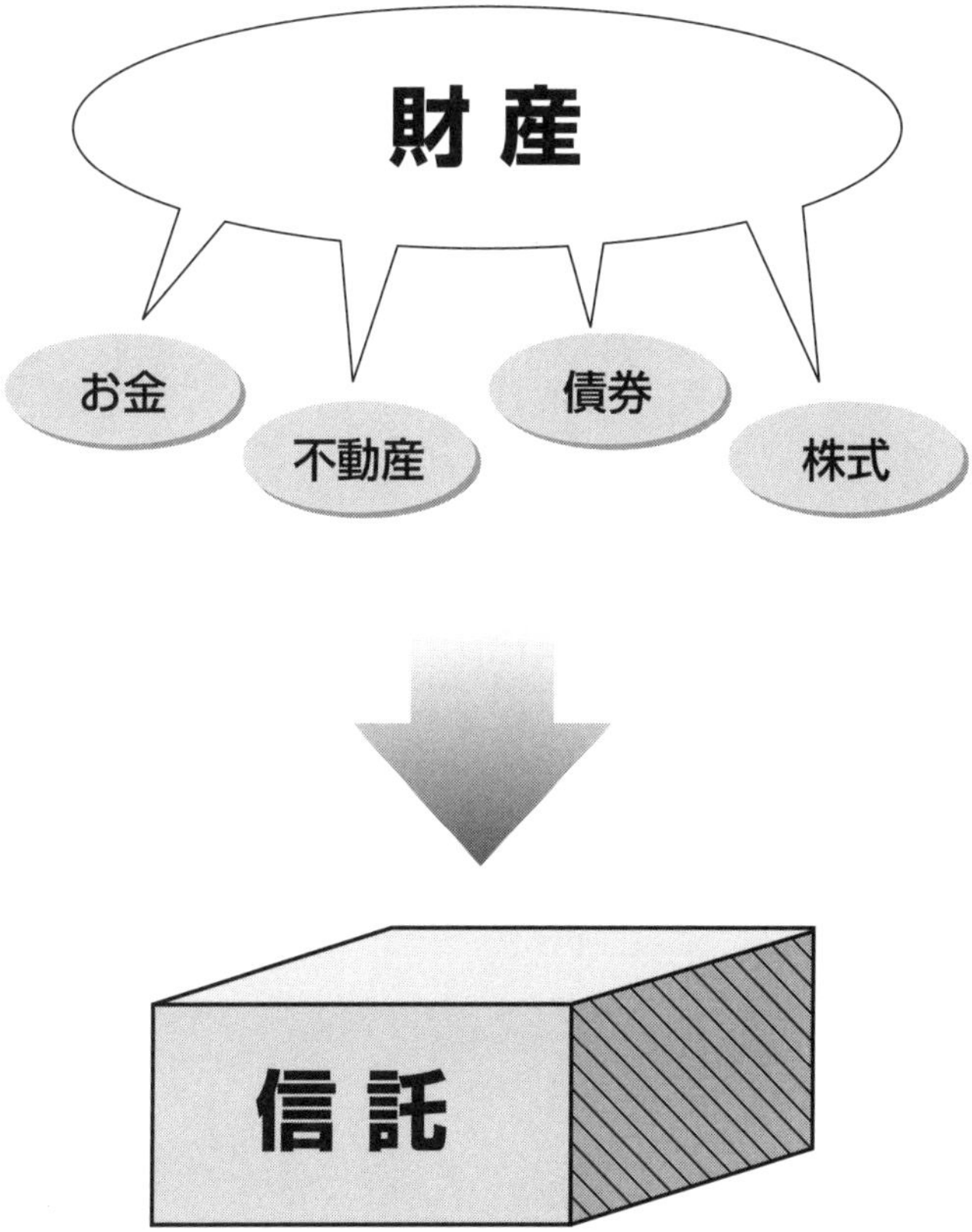

信託という「頑丈な箱」に入れて
財産を管理・運用する

16 信託で委託者は受託者を兼ねられるの?

委託者が受益者になることは一般的で、受託者になることもできる

◉──委託者と受託者が同じ「自己信託」

委託者は、**受益者**となるだけでなく、受託者になることも可能です。

自分の持っている財産を「これからは、この財産は信託財産として運用・管理する」として、自分の他の財産から切り離すわけです。

このような信託の方法を、日本では「**自己信託**」といいます。

自己信託では、委託者と受託者とが同じになりますし、自己信託の対象となった財産の運用・管理の結果を委託者が受ける場合には、受益者も同じとなります。

なお、委託者と受託者とが異なる信託では、財産を信託するには契約書が必要となりますが、委託者と受託者とが同じ信託では、公正証書という特殊な書面を作成しなくてはなりません。

それは、自分を相手方とする契約をすることができないから、と考えればいいでしょう。

信託の構成

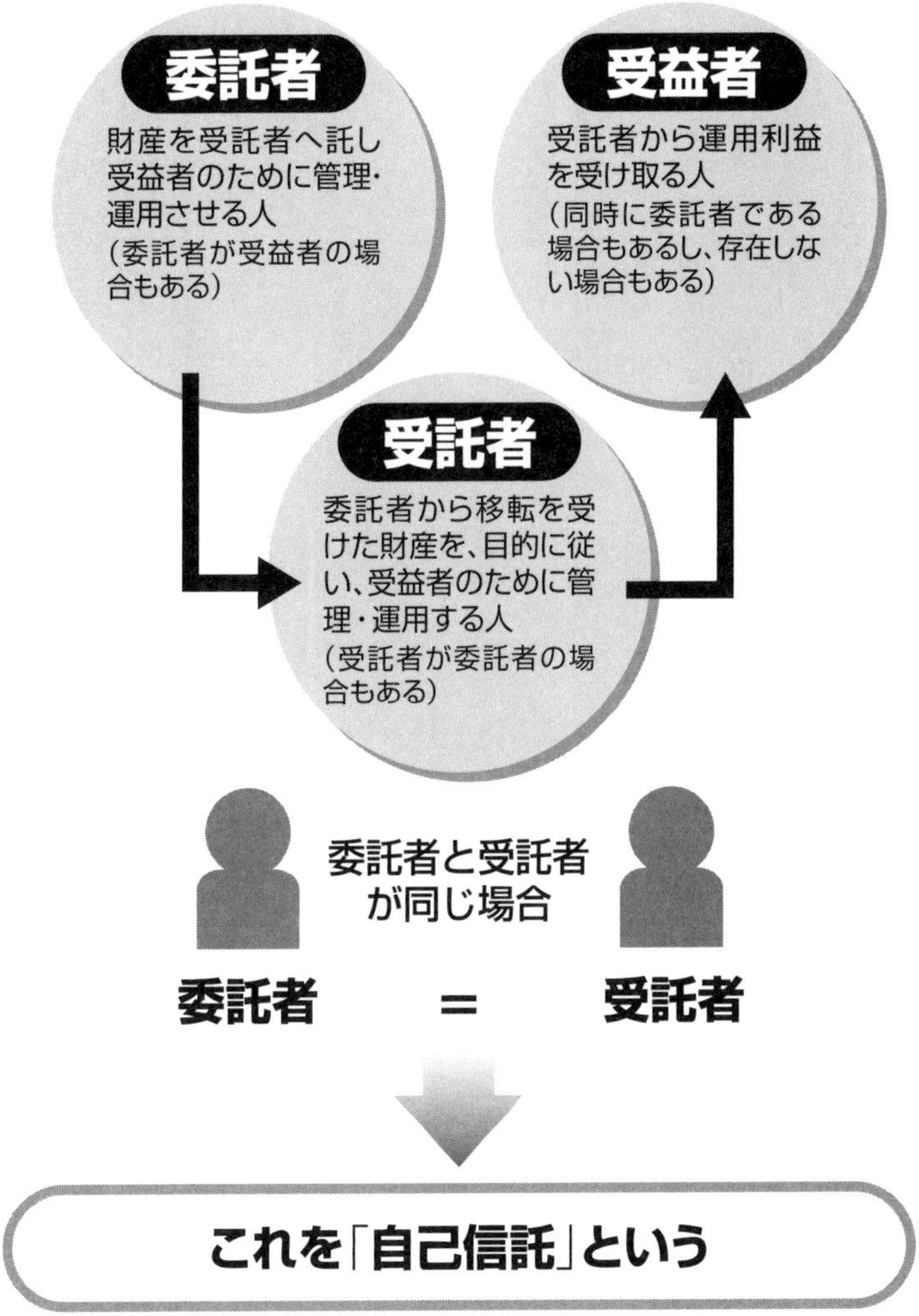
委託者
財産を受託者へ託し受益者のために管理・運用させる人
(委託者が受益者の場合もある)
受益者
受託者から運用利益を受け取る人
(同時に委託者である場合もあるし、存在しない場合もある)
受託者
委託者から移転を受けた財産を、目的に従い、受益者のために管理・運用する人
(受託者が委託者の場合もある)
委託者と受託者が同じ場合
委託者 ＝ 受託者
これを「自己信託」という

17 「事業の信託」って何だろう？

会社の資産だけでなく、負債もまとめて信託する

◉──信託の負債とは？

「信託の負債」というと難しいのですが、信託という「頑丈な箱」が、株、債券、不動産などの資産を保有するだけでなく、それら資産を保有するために借金をしている状況です。負債を「信託する」というのは、委託者は資産だけでなく、負債も信託してしまうことができる、受託者が資産だけではなく負債の管理もしてくれるということです。

◉──事業の信託とは？

信託法では「事業の信託」が認められている、という言い方があるのですが、これは、資産と負債を同時に信託できることから導かれる結論です。というのも、事業、つまりビジネスは資産だけではなく、通常は負債も抱えているからです。

会社であれば、銀行からお金を借りているだけでなく、給料を払ったり、仕入れ先に代金を払ったりという負債（守らなくてはならない約束）があります。会社の持っている不動産や現金などを信託するだけではなく、そのような負債も信託してしまえば、会社のビジネスそのものを信託したのと同じです。これが「事業の信託」と呼ばれるものなのです。

◉――信託も破産することがある

負債を信託するというのは、二〇〇七（平成一九）年九月に施行された新しい信託法で明示されたものです。それまでも信託が負債を持ってはいけないわけではなかったのですが、法律上あまり明確ではなかったため、信託が「倒産する」ほどの借金を抱える心配はあまりありませんでした。

しかし、「事業」が信託できるということは、会社同様、信託も倒産することが考えられるため、新しい信託法の施行と同時に、信託の破産が導入されています。

◉――以前は信託銀行しか信託業務はできなかった

信託の受託者となることをビジネスにするには、**信託会社**であることが原則ですが、銀行などの金融機関は、信託業務を兼営してもいいことになっています。

信託銀行とは、以前から信託業務を兼営している銀行のことです。実は、二〇〇四（平成一六）年末の信託業法の改正までは、原則として信託銀行しか信託業務はできなかったのです。

二〇一八年現在でも、三菱ＵＦＪ信託銀行（三菱信託、日本信託、東洋信託などが前身）、みずほ信託銀行（安田信託銀行などが前身）、三井住友信託銀行（住友信託銀行、三井信託銀行、中央信託銀行などが前身）など、以前からある信託銀行のほか、野村信託銀行（野村證券系）、日証金信託銀行、新生信託銀行（新生銀行系）などの信託銀行が、専門性を生かした信託業務を展開しています。

18 「証券化」って何だろう？

お金にしにくい資産を有価証券の形にして、売買しやすくすること

不動産の証券化と債権の証券化

今、日本で一番地価が高いのは銀座だといわれています。公示地価ベースでは、平成二九（二〇一七）年に一平方メートルあたり五〇五〇万円というのが最高です。

このような値段がつく理由は、需給関係、要するに「買う人がいるから」です。では、なぜそんな値段で買う人がいるのか、どのような理屈で、どの値段が正当化できるのかを解く一つのキーワードが「**証券化**」です。

証券化とは、債権（典型的にはお金を返済してもらう権利）や不動産など、通常お金にしにくい資産を有価証券の形にして売買しやすくすることで、資金を調達する金融技術のことを指します。ざっくりいうと二つに分かれ、不動産の証券化と、債権の証券化があります。

不動産の証券化とは、多くの不動産を組み込んで小口化するもので、東証などに上場されている不動産投資信託（ＲＥＩＴ）はその典型といえますし、不動産私募ファンドという形の投資商品があります。これら証券化によって調達される資金の流入などにより、一部の局所的な地価の高騰が起こるともいわれています。

¥ 債権の証券化の仕組み

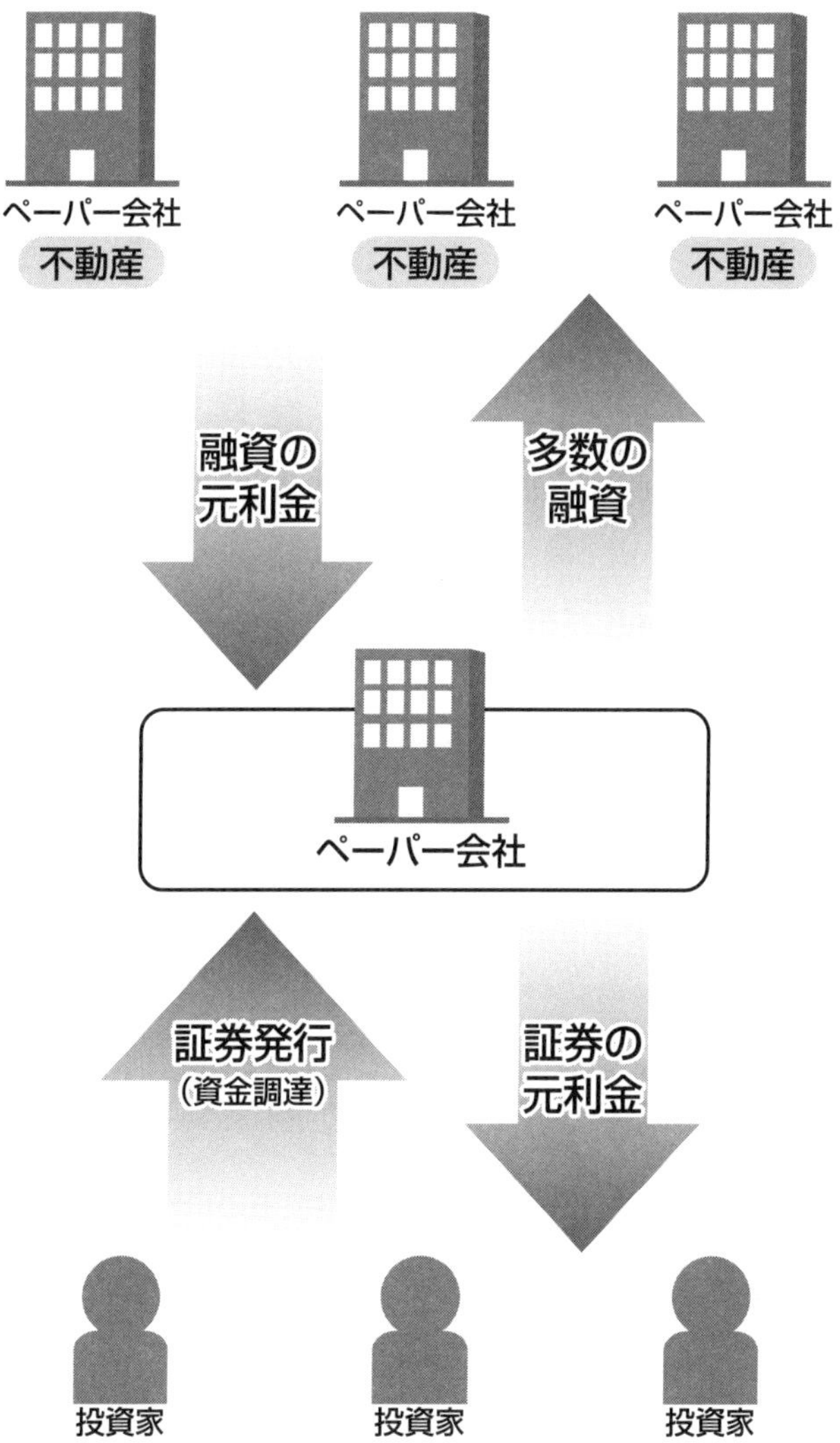
ペーパー会社
不動産
ペーパー会社
不動産
ペーパー会社
不動産
融資の
元利金
多数の
融資
ペーパー会社
証券発行
（資金調達）
証券の
元利金
投資家
投資家
投資家

19 投資信託にはどんなメリットがあるの？

分散投資ができ、運用をプロが行ってくれる

◉――多くの銘柄に投資すればリスクは少なくなる

投資をするにあたって、「**分散投資**」が望ましい、とよくいわれます。

これは、できるだけ多くの銘柄に投資するほうがリスクは少なくなる、という理論に基づいた考え方です。

株式で考えてみると、投資金額が一〇万円のときに買える銘柄数は限られますが、投資金額が一〇億円、一〇〇億円、一〇〇〇億円と増えるにつれて、購入できる銘柄数は増え、その結果、分散投資の「分散」が広まります。

また、一銘柄で一〇万円の取引をするのと、一〇〇〇万円の取引をするのとでは、注文を受ける証券会社の手間は同じなので、金額が大きいほうが手数料率は低くなります。

さらに、金額が大きくなることによって、プロがノウハウを生かした運用をすることができます。一〇万円の手元資金では、いくら運用のプロであってもその手法には限界が出ますが、一〇〇億円、一〇〇〇億円となると、思い切り腕が振るえるのです。

¥ 投資信託のメリット

分散投資

プロによる資産運用

↓

主にこの2つがメリット！

注意　投資金額、手数料に気をつけよう!

20 投資信託における「信託」って何だろう？

お金・証券を信託銀行が保管し、運用はプロが行う

◉――契約型の投信は「信託」を利用

私たちが一般的に「**投資信託**」「投信」と呼ぶものは、「契約型」に分類されます。

契約型の投資信託では、投資家のお金が信託銀行にいったんプールされ、その資金が株や債券などの有価証券に投資されますが、その株や債券の名義、法律的な持ち主は**信託**（頑丈な箱、P158参照）となります。運用は、投資信託委託会社というプロが行います。

投資家は、信託に対する持ち分を保有するという形になり、たとえば持ち分が信託全体の一万分の一で、信託が保有している財産が一億円であれば、その持ち分の価値は一万円となるわけです。

なお、この持ち分は信託の管理・運用による利益を受ける権利で、法律上は「受益権」となります。

一方、「会社型」と呼ばれるタイプの「いわゆる投資信託」があります。

会社型では信託が登場しないため、間違った日本語ですが、誤ったまま長いこと通用しています。会社型の投資信託とは、投資家はいわば「特殊な投資会社の株」を買うことになります。

したがって、運用の成果は、会社の「配当」となるのです。

◉――受託者が資産運用する「委託者非指図型」

私たちがふだん意識することはほとんどありませんが、実は、信託銀行も資産運用のプロがそろっている組織です。というのも、私たちが将来受け取る（ことになっている）年金は、信託銀行や生命保険会社が運用しているのです。

信託銀行自体が資産運用のプロなのに、わざわざ投資信託委託会社という別のプロを使うことはないだろう、という発想があるのは当然です。そこで生まれたのが、「委託者非指図型投資信託」という特殊な投資信託です。

委託者非指図型投資信託では、投資信託の委託者となるのは投資家で、委託者兼受益者となります。受託者は信託銀行で、信託のテキストどおりといいますか、信託財産の運用・管理を受託者が行うのです。

委託者である投資家が運用に関する指図をせず、受託者が資産の運用をすることから「委託者非指図型」と呼ばれるのです。

なお、金額としては投資信託委託会社が委託者となる「委託者指図型投資信託」のほうが圧倒的に多く、皆さんが委託者非指図型の新聞広告などをほとんど見ないのは、そのためなのです。

21 「J・REIT」って何だろう？

不動産投資会社の株式を買うこととほぼ同じ

◉――法律的には投資法人

J・REIT（ジェイ・リート）というのは、法律的には、不動産を投資対象とする投資法人となります。投資法人というのは、いわゆる「会社型投資信託」を日本に導入する際につくられた、いわば会社の形態です。つまり、**J・REITに投資するというのは、不動産に投資する株式会社の株式を買うこととほぼ同じ**と考えればいいのです。

株式会社でいう株式にあたるものを、J・REITでは「投資口」といいます。また株券にあたるのは「投資証券」です。

J・REITの投資証券は取引所に上場され、投資家は、株式の場合と同様に、証券会社に注文を出して売買することができます。一方、契約型投信ではないため、解約による換金という方法はありません。

J・REITの資産運用は、J・REITそのものが行うのではなく、「資産運用会社」と呼ばれる不動産のプロが請け負うことになっています。

J-REITとは?

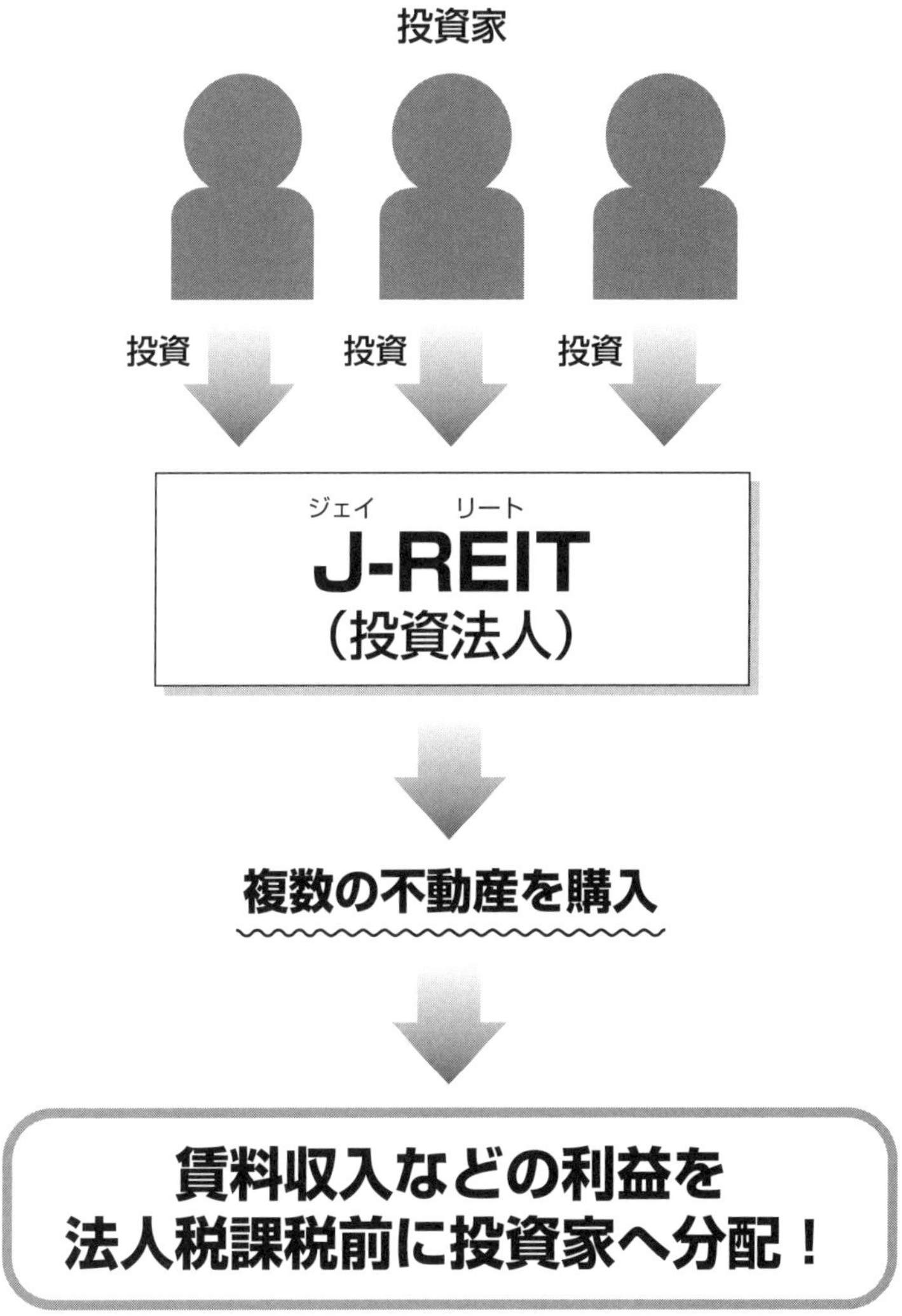
投資家
投資
投資
投資
J《ジェイ》-REIT《リート》
（投資法人）
複数の不動産を購入
賃料収入などの利益を
法人税課税前に投資家へ分配！

22 「サブプライムローン問題」って何だろう？

返済能力の低い人向けの住宅ローンが、不良債権化

◉——住宅価格は上昇し続ける、という幻想が元凶だった

二〇〇〇年代のアメリカでは、住宅価格が上昇を続けると思われていました。そのような予想が広がったため、返済能力の低い人でも容易に住宅ローンを借りることができました。なぜなら、いざとなったら住宅を売却すれば、借金を全額返済できると思われたからです。

また、この当時、「**証券化**」という金融技術が急速に広まりました。多くの住宅ローンを集めたものが金融商品となり、幅広く販売され、投資対象になっていたのです。ここでも、住宅価格が上昇をし続けるというシナリオをもとに分析が行われ、その分析の結果のみを信じた投資家が、こぞってこのような金融商品を購入していました。

ところが、実際に起きたのは、このような住宅ローンの焦げ付きと、資金捻出《ねんしゅつ》のために住宅が大量に売却されるおそれからの、住宅価格の下落でした。その結果、このような金融商品の価格が下落して、多額の損失が発生しました。

これが、**サブプライム問題**（サブプライム住宅ローン危機）です。サブプライム問題は他のさまざまな金融商品の価格にも波及し、金融危機のきっかけをつくったのです。

¥ サブプライムローン問題とは?

2000年代のアメリカでは…

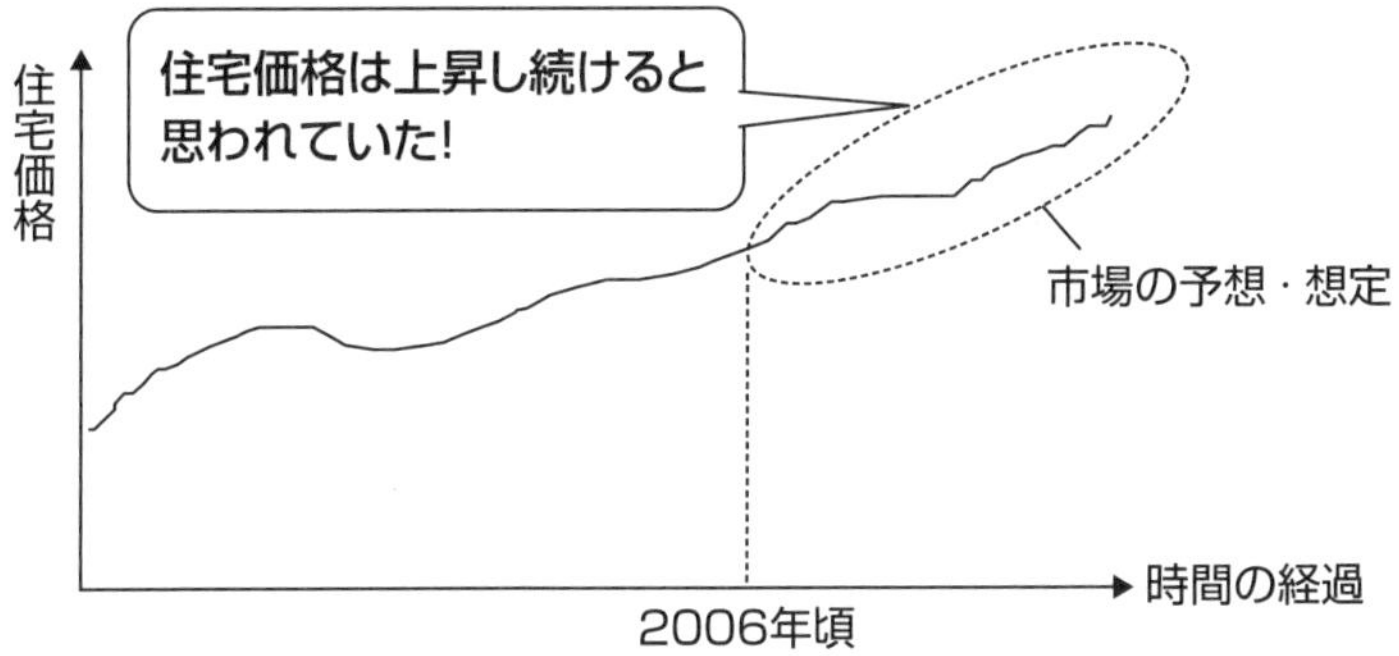

サブプライム ＝ プライム（信用力のある人）の下、という意味

→ 通常のローンの債務者よりも、返済能力が低い人々
（それまでは住宅ローンを借りられなかった層）

↓

住宅価格が上昇し続けるのならば、借りられる

↓

証券化によって、金融商品として世界中の金融市場に拡散

↓

ところが……

住宅ローンの焦げ付き
&
住宅価格の下落

不良債権化!

23 「リーマン・ショック」って何だろう？

米国の一投資銀行の経営破綻を契機に、世界規模で金融危機が起こった

◉――取引所を通じない金融取引と、破綻《はたん》連鎖への危機

二〇〇八年九月に起きた、アメリカの大手投資銀行（≒証券会社）**リーマン・ブラザーズの破綻**は、その後の金融危機の象徴的な出来事でした。

同社は、その業務の一環として、多額の**サブプライム関連金融商品**（P172参照）を自ら保有していましたが、その正確な価値を誰も知ることができず、他方、それら金融商品の価格は日々下落していました。その結果、同社の健全性に対する疑心暗鬼が広がり、資金繰りに詰まって破綻したのです。

リーマン・ブラザーズは、他の金融機関や顧客との間で、多数の複雑な金融取引を個別・一対一で締結していました。同社の破綻によって契約が清算されることになったため、多くの関係者が巻き込まれる事態となったのです。

また、サブプライム関連金融商品を多く保有していたのは、他の金融機関も同じでした。その結果、次に破綻するのはどこかという懸念が、市場に一気に拡大しました。それによって金融取引は冷え込み、実体経済にも多くの影響を与えることになったのです。

¥ リーマン・ショックとは?

サブプライムローン問題が発生!

↓

リーマン・ブラザーズ（アメリカの投資銀行）

多額のサブプライム関連金融商品を保有していた!

・正確な価値の算出が不可能
・損失が拡大していることは明らか

↓

損失がどこまで拡大するかわからない

↓

同社の健全性に対する疑心暗鬼が広がった結果、
資金繰りに行き詰まり、経営破綻!

↓

破綻の影響

①同社では、複雑な1対1契約が多数存在
→清算に伴う事務や権利関係の確認が必要に

②市場に「次はどこだ?」の懸念が広がる
→世界中の金融機関が機能不全におちいり、
実体経済に波及

column

「スチュワードシップ・コード」って何だろう？

機関投資家や運用会社が証券投資などで運用するお金は、自分のお金ではありません。他人のお金の運用に際しては、そのお金の「面倒をきちんと見る」ことが重要です。面倒を見る人のことを「スチュワード」といい、そのような姿勢のことを「スチュワードシップ」といいますが、他人の資産を運用する際にはこのスチュワードシップが不可欠なのです。

スチュワードシップは、短期的な利益を追求するとか、手数料をできるだけ下げるといった表面的なことを意味するわけではありません。むしろ、投資先企業の価値の向上を図り、長期的な運用成績を上げていくための建設的な行動を意味するのです。

スチュワードシップ・コードには、「スチュワードシップ責任を果たすための方針策定と公表」、「利益相反についての方針策定と公表」、「投資先企業の持続的成長に向けた企業状況の的確な把握」、「投資先企業との建設的な対話を通じた認識の共有と問題の改善」、「議決権の行使と行使結果の公表についての明確な方針」、「スチュワードシップ責任についての定期的な報告」、「企業との対話やスチュワードシップ活動に伴う判断を適切に行うための実力」の七原則が掲げられています。

この原則には強制力はありませんが、遵守しないのであれば、その理由を納得できる形で示さなければならない（いわゆる「コンプライ・オア・エクスプレイン」）という、強い調子になっていることには注目です。

第5章

高度化する金融の中身を見てみよう

1 「デリバティブ」って何だろう？

先物取引、オプション、スワップなどの金融派生商品

◉――決済が将来に行われる「先渡し取引」

デリバティブとは、**金融派生商品**のことを指します。

金融派生商品とは、株を買うなど直接的な取引ではなく、株などの金融商品の取引から派生するものを、商品として売買できるようにしたものです。

代表的なものでいえば、「**先物取引**」「**オプション取引**」「**スワップ取引**」があります。

「普通ではない」取引であることと、「価格の連動性がある」という二点を知っておく必要はありますが、本当に難しいことは、プロに任せてしまえばいいのです。

まず、デリバティブの「普通ではない」点を知るために、**先渡し取引**（**フォワード**）と呼ばれるものを見てみましょう。

通常の株式の取引は、取引所で取引が成立してから四営業日目（三営業日後）に決済が行われます。「決済」という日本語も難しく聞こえますが、モノ（ここでは株）とお金とを実際に交換することが決済です。

デリバティブとは?

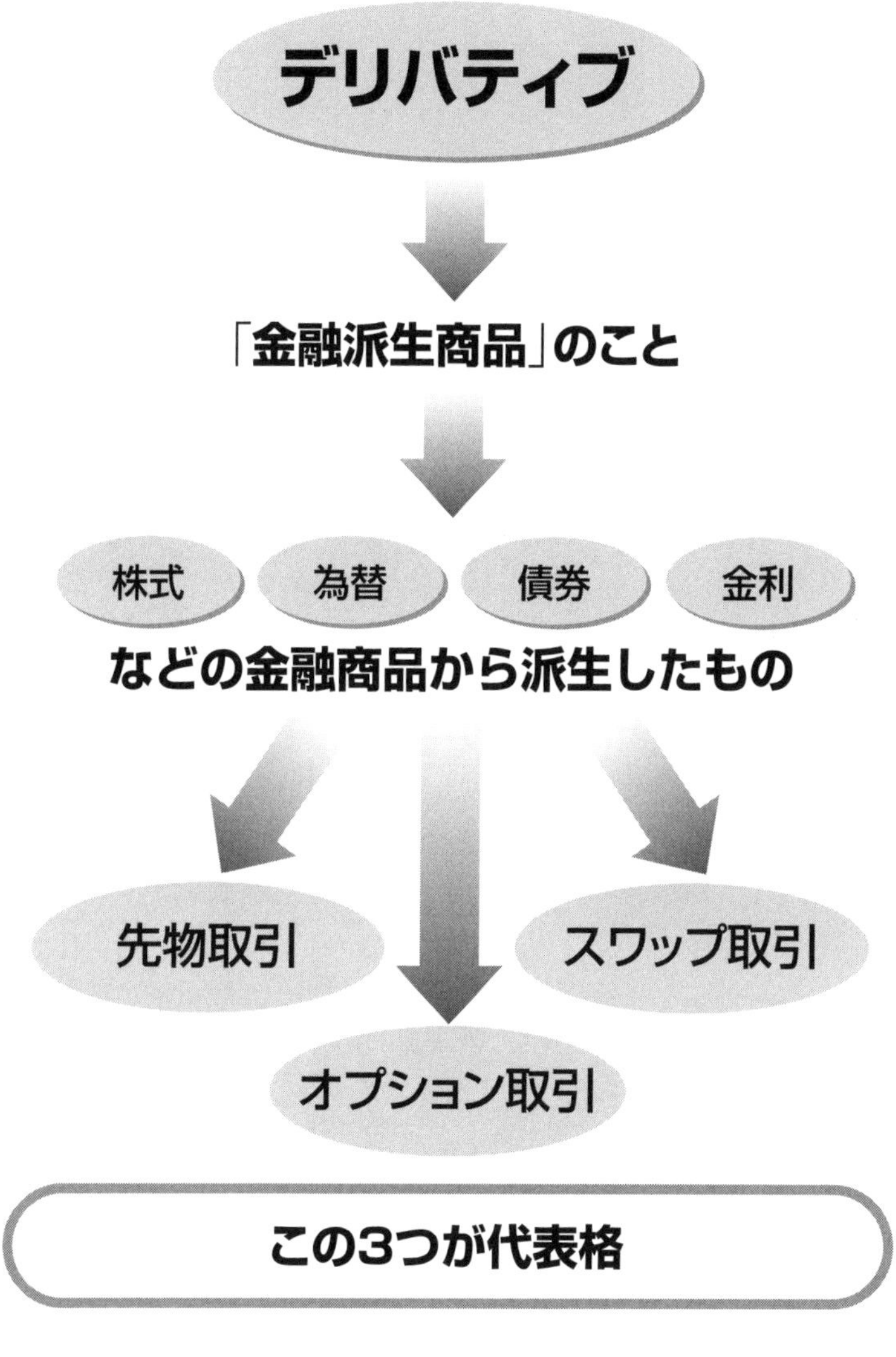
デリバティブ
「金融派生商品」のこと
株式
為替
債券
金利
などの金融商品から派生したもの
先物取引
スワップ取引
オプション取引
この3つが代表格

一方、先渡し取引では、決済が「あらかじめ定められた将来のある時点」となります。普通の取引が四営業日目に決済されるのに対して、フォワードではこれが一ヵ月後とか一年後という、「当事者があらかじめ合意した」将来の日になるのです。

◉——デリバティブには「価格の連動性」がある

先渡し取引は、普通の取引とは異なるため、通常の場合とは価格が異なります。つまり、価格の調整が行われます。

一方、価格は「調整」されるだけであって、普通の取引で成立する価格と無関係ではありません。ということで、右で見た「価格の連動性がある」というデリバティブのもう一つの特徴となるわけです。

一般的には、通常の取引での価格が動けば、先渡し取引のほうでも価格が同じ方向に動きます。決済が将来に行われるという点では「普通ではない」取引ですが、「価格は連動している」のです。

先渡し取引は、株、債券、金利、通貨など、一般的に取引できるもので、取引の当事者が合意さえすれば、対象は限定されないと考えていいでしょう。

先渡し取引と先物取引との違い

先渡し取引＝先物取引の原型
（フォワード）

先渡し取引

２ヵ月後にＡがＢに大豆を売却する

・価格や数量は
ＡとＢが決める

・取引期日にモノを
取引する

将来のある時点で、決めた価格・数量を売買する約束で、現物決済を行う取引

先物取引

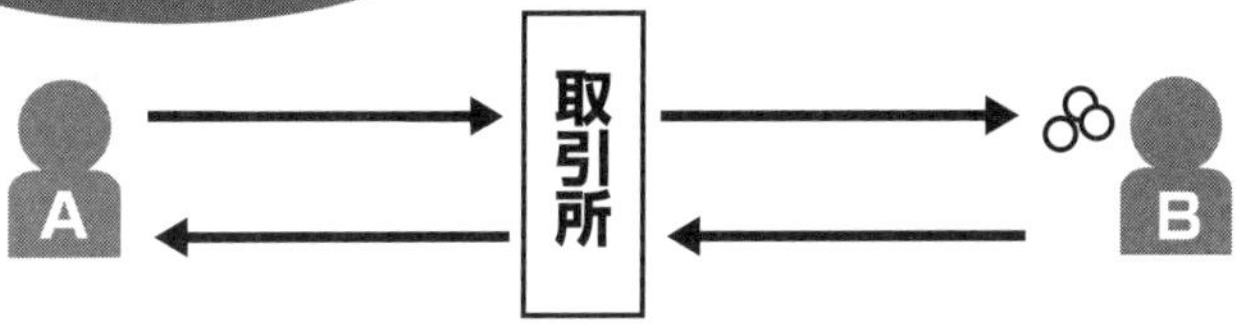

（Ａ）２ヵ月後にＡが取引所に大豆を売却する

（Ｂ）２ヵ月後にＢが取引所から大豆を購入する

買う人と売る人の間に取引所を入れることにより、取引が標準化・定型化され、取引相手が逃げ出すなどのリスクがなくなる

2 「先物取引」ってどんな取引？

将来の定められた時点で、特定の商品を数量・価格で取引する

◉――「先物というモノ」を取引している

先物取引は、「決済が将来に行われる」という意味で、先渡し取引に似ています。

しかし、先物取引はそれ自体が「上場」、つまり取引所で取引されている特殊な「モノ」であるという点が、先渡し取引とは異なります。

というのも、先渡し取引は、通常の売買の延長であって、対象、支払い、モノの引き渡しが将来に行われるにすぎません。

一方、先物取引は「先物というモノ」を取引しているのです。

通常の取引のようにも見えますが、実は「先物というモノ」は空想上しか存在せず、その意味で「普通ではない取引」というデリバティブの特徴を満たしているのです。

また、まったく空想の世界かというとそうではなく、一応、もとになるモノや数字もあるため、「価格の連動性」という特徴も保っています。

◉――先物の対象は株や債券、金利など

先物の決済が将来に行われるというのは、次のようなことを指します。

今日を二〇××年の四月一日としましょう。

このとき「六月二〇日決済の先物」が取引されていると、この先物を買った人は、代金を六月二〇日まで支払う必要はありませんし、逆に、この先物を売った人はモノを六月二〇日まで引き渡す必要がありません。

では、六月二〇日になったら何が起きるでしょう？　空想上のモノとお金を交換するわけにはいきませんよね。

実は、六月二〇日になると、先物は空想の世界のモノではなくなります。六月二〇日になると、六月二〇日は将来ではないため、実際のモノとお金を交換しなくてはなりません。このモノが「先物の対象」で、株、債券、金利、通貨などです。

◉――差金決済とは？

先物は、実際の将来にモノとお金とを交換することを前提に、空想上のモノを取引します。先物取引の期日、つまり、決済日が到来すると、空想上のモノが現実のモノになりますが、現実のモノに興味がない人には「**差金決済**」という方法が用意されています。

一〇万円で買ったモノが一二万円になっていたら「二万円儲け！」となりますが、この「！」の気持ちを、気持ちではなくお金にするのが差金決済です。実際には、モノを一〇万円で買って一二万円で転売する代わりとして、二万円のお金をもらうこととなります。転売するつもりがなかった人は、そもそも払うつもりだった一〇万円と、差金決済でもらった二万円を加えて、一二万円でモノを買うことができます。

逆に、一〇万円で買ったモノが七万円になってしまったら「三万円損したぁ！」となりますが、「！」という気持ちの代わりに三万円支払うことで取引を終えるのも差金決済です。七万円でモノが買えたとしても、差金決済で三万円支払っているので、実際には一〇万円支払ったのと同じ効果になるのです。

◉——先物は取引所に上場されている

先渡し取引、フォワードは、取引の当事者同士が合意すれば、どんなモノを対象にしても、また、いつを決済日にしても取引することが可能です。

一方、先物取引では「先物というモノ」が取引されるもので、しかもそのモノは上場されています。

したがって、その先物が上場されている取引所で定められた方法で取引をしなくてはなりません。日本では、東京金融取引所、大阪取引所が金融商品の先物については主要な取引所となります。

旧大阪証券取引所は
東証と経営統合し
日本取引所グループ
傘下となり
2014年から東証・大証の
デリバティブ市場を
集約した
大阪取引所と
なりました

先物取引とは?

先物の決済が将来に行われるとは?

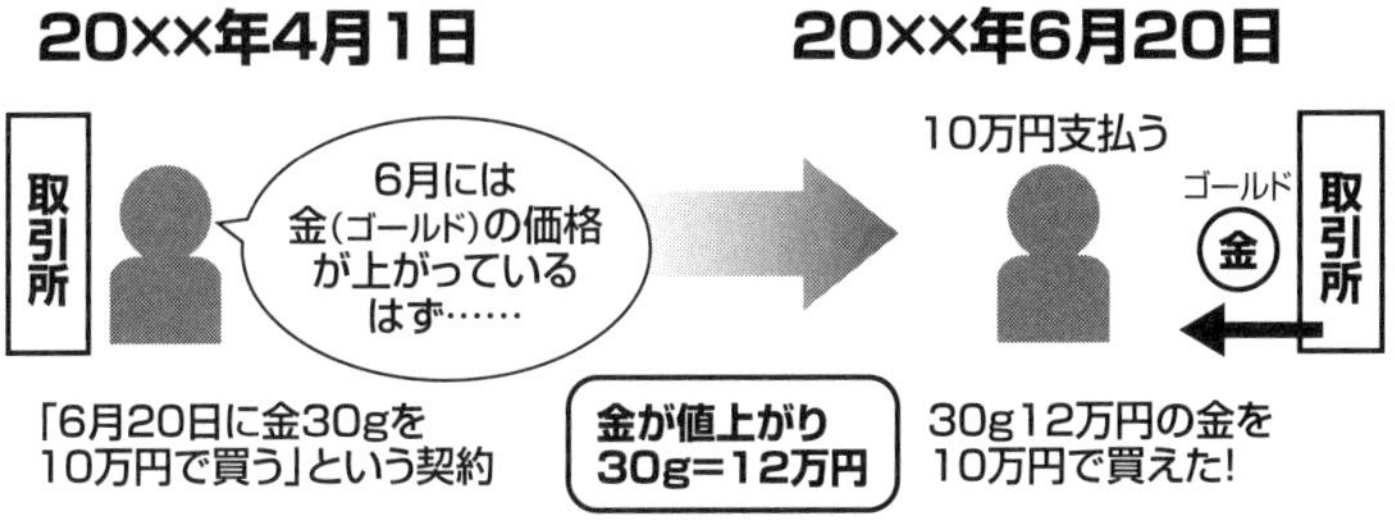
20××年4月1日
20××年6月20日
取引所
6月には金(ゴールド)の価格が上がっているはず……
10万円支払う
ゴールド
金
取引所
「6月20日に金30gを10万円で買う」という契約
金が値上がり 30g=12万円
30g12万円の金を10万円で買えた!

未来の売買価格を取引すること

差金決済とは?

先渡し取引(フォワード)なら……

4月1日 6月20日に10万円のモノを買う取引が成立
→ **6月20日** 4月は10万円だったモノが12万円になっている
→ **転売取引を行うことで、2万円の儲けが出る**

先物取引なら……

4月1日 6月20日に10万円のモノを買う取引が成立
→ **6月20日** 12万円になっているので、差金決済を行い2万円儲けられる

3 「オプション」ってどんな取引？

「取引をする権利」というモノを取引する

◉――オプションとは「選択権」

オプションというのは「選択をする権利」という意味です。

これは金融の世界だけで用いられる表現ではなく、一般的に「取引をする権利」のことをオプションといいます。

ここでいう「取引」というのは、ちゃんとした意味の取引であって、たとえば、株であれば、銘柄だけでなく、価格、売買の別、決済日などの条件が決まっています。決まっていないのは「実際に取引をするかどうか」だけであって、その取引をするかどうかを決める「権利」をオプションというのです。

¥ オプション取引とは?

例 A株10万円 ×10株 を○月×日に取引する権利 → オプション

先渡し取引(フォワード)なら……

○月×日がくれば、A株が上がっていても下がっていても、取引をしなくてはならない

A株8万円 ×10株 **購入すると……**

20万円の損 ← **20万円の得**

オプション取引なら……

○月×日の時点で有利な場合だけ、取引を実行できる

取引所

A株が12万円なら… → **オプションを使う** 1株10万円で購入!

A株が8万円なら… → **オプションを使わない** そのまま買うほうが得なのでオプションを使わず、8万円で購入

オプションを持っていても有利な場合だけ使えばいい

4 「コール・オプション」「プット・オプション」って何だろう？

コールは買う権利で、プットは売る権利のこと

◉──売買する権利を買うだけで、義務ではない

一般的に、「買う権利」のことを「コール・オプション」といいます。

ある特定のものを、決められた「時期」「数量」、事前に決めた「価格」で、購入する権利のことです。

一方、「売る権利」のことを「プット・オプション」といいます。

コール・オプションとは逆に、ある特定のものを、決められた「時期」「数量」、事前に決めた「価格」で売却する権利のことです。

これらは、それぞれ売買する権利を買うだけで、義務ではありません。

権利を行使したら、お金を払ってモノを受け取るのがコール、モノを引き渡して、お金を受け取るのがプット、ということになります。

¥ コール・オプション、プット・オプションとは?

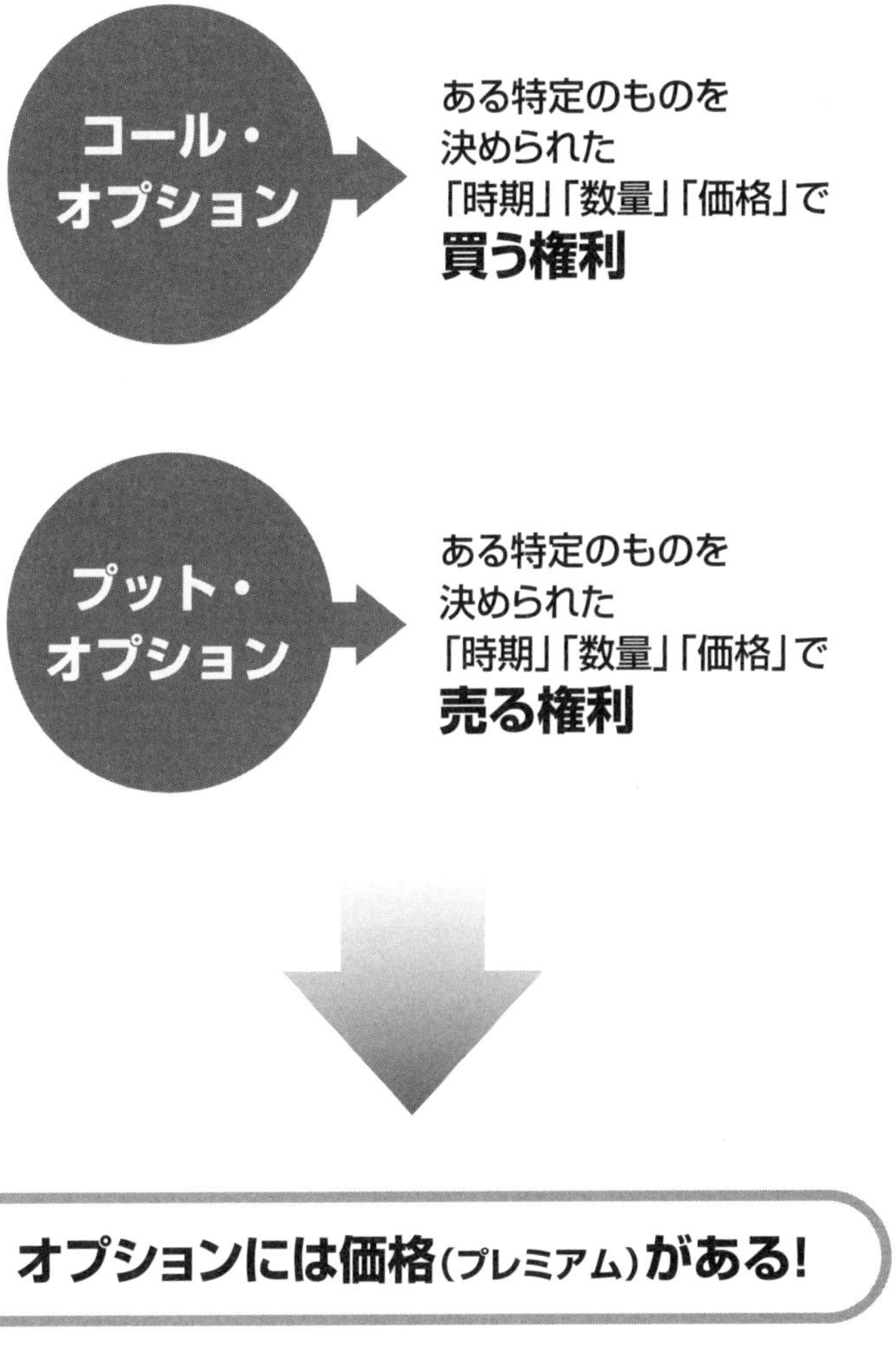
コール・オプション
ある特定のものを
決められた
「時期」「数量」「価格」で
買う権利
プット・オプション
ある特定のものを
決められた
「時期」「数量」「価格」で
売る権利
オプションには価格(プレミアム)がある!

5 オプションの価格はどう決まるの？

オプション自体が売買されていて、上場されているものもある

◉――オプションには価値（価格）がある

オプションは取引をする「権利」であって「義務」ではありません。したがって、オプションを持っていると、儲かることはあっても、損をすることはありません。

金融の世界には「ウマい話」はないことになっています。つまり、オプションのような「儲かるけれど、損はしない」という立場に、無料でなれることはありません。

つまり、オプションには値段があるのです。

◉――買い手がいれば、売り手がいる

P187の例で、A株を一〇株、一株一〇万円で買う権利（**コール・オプション**）というのを見ました。

このオプションを持っている人は、無料でこのオプションを手に入れられるわけではなく、オプションを買わなくてはなりません。ということは、その反対側にはオプションを売る人がいるのです。

コール・オプションは買う権利、**プット・オプション**は売る権利ですが、どちらにもオプションを買う人と売る人とがいます。

つまり、コール・オプション（買う権利）を買う人と売る人、プット・オプション（売る権利）を買う人と売る人、というのが、それぞれいるのです。

オプションを売った人は、オプションを買った人が権利を行使すると、その取引の相手方にならなくてはなりません。つまり、取引をする「義務はあるけれども、権利はない」のです。「損をすることはあっても、儲かることはない」といっても同じであって、このような立場に無料でなる人はいません。オプションを売った代金が、その料金というわけです。

◉――オプションの価格は変動する

オプションも、デリバティブの一種です。「取引をする権利」という特殊な取引、つまり、「普通ではない取引」です。また、オプションの価値（価格）は、何を対象にしているオプションかに応じて、対象にしているモノの「価格に連動」します。ただ、その連動の仕方が、先渡し取引、フォワードと比較すると複雑になります。

買う権利であるコール・オプションでは、対象になっているモノの価格が上昇すると、コール・オプションの価値も上がります。

A株を一株一〇万円で購入する権利は、A株が一万円のときにはほとんど価値がありませんが、A株が一〇〇万円になったら、ものすごい価値になるわけです。

逆に、売る権利であるプット・オプションでは、対象になっているモノの価格が下がると、プット・オプションの価値が上がります。A株を一株一〇万円で売却する権利は、A株が一〇〇万円のときにはほとんど価値がありませんが、A株が一万円になったら、そこそこの価値になるのです。

◉――オプションを上場している取引所もある

ということは、最終的に行使することで利益を上げようというだけではなく、オプションの価値の変化に着目して利益を上げようという取引を考える人もいます。

A株の価格が上昇すると考える人は、A株のコール・オプションを買って、そのオプションの行使によって儲けるだけではなく、A株のコール・オプションを買って、そのコール・オプションの価値が上昇した段階で、コール・オプションを転売して儲けるという手があるのです。これは、プット・オプションの場合も同様です。

これに対応するため、一部の取引所ではオプションを上場しています。日本でも、金融商品の先物を取引しているとして、P184で見た各取引所はオプションも上場しているのです。

¥ オプションの取引

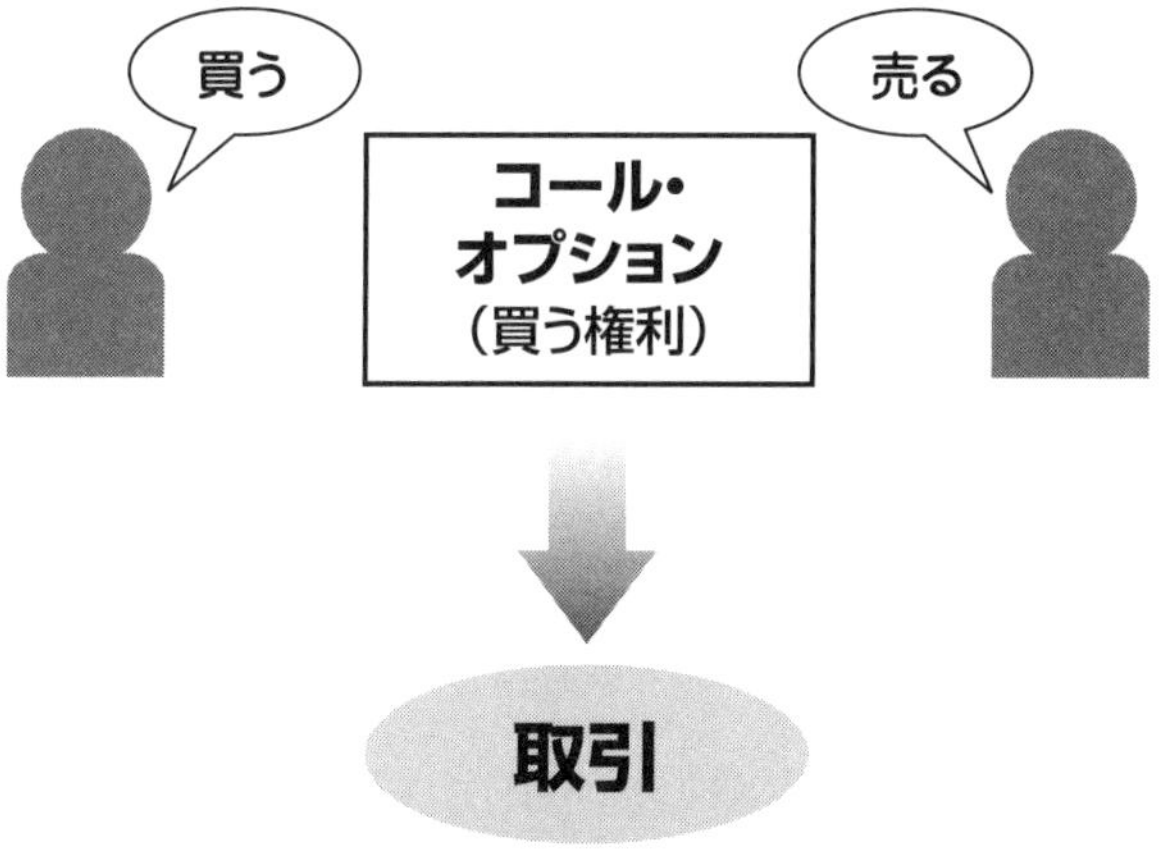

コール・オプション

A株を 1,000円で 買う権利	権利行使価格→10万円 プレミアム→5,000円 （オプションの値段） 期日→4月1日

買う理由

- コール・オプションを使って利益を上げる
- オプション価格が上昇したときに転売して儲ける

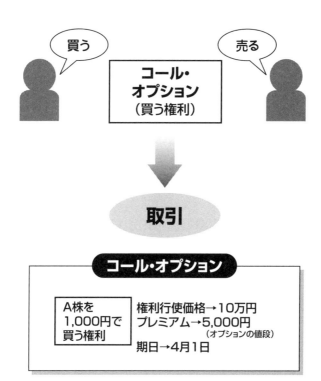

6 「金利スワップ」って何だろう？

同じ通貨の固定金利と変動金利を交換する取引

スワップとは「交換」という意味

過去三〇年くらいの間に、デリバティブは世界中に広まったのですが、その原動力となったのは**金利スワップ**と呼ばれる取引でした。スワップという言葉は「交換」という意味で、**金利スワップとは「固定金利」と「変動金利」との交換**なのです。

固定金利というのは「毎回同じ」という意味で、変動金利というのは「定期的に見直し」という意味です。いってみれば「定期券を買う」のと「毎回切符を買う」のとの違いであって、学生時代、月に何回学校に行くかは気分次第という人は、通学定期を買うべきか迷ったと思いますが、同じような感覚です。

つまり、固定金利というのは、一回決めてしまうと、契約期間中、金利が変わりません。しかし、変動金利というのは、三ヵ月や半年などの期間ごとに、定期的に適用する金利を市場実勢に合わせて見直します。したがって、上がったり下がったりすることがあるのです。定期を買ってしまうと、学校に行く回数と交通費とは関係なくなりますが、切符であれば、学校に行く回数によって交通費が変わるのと同じですね。

¥ スワップとは?

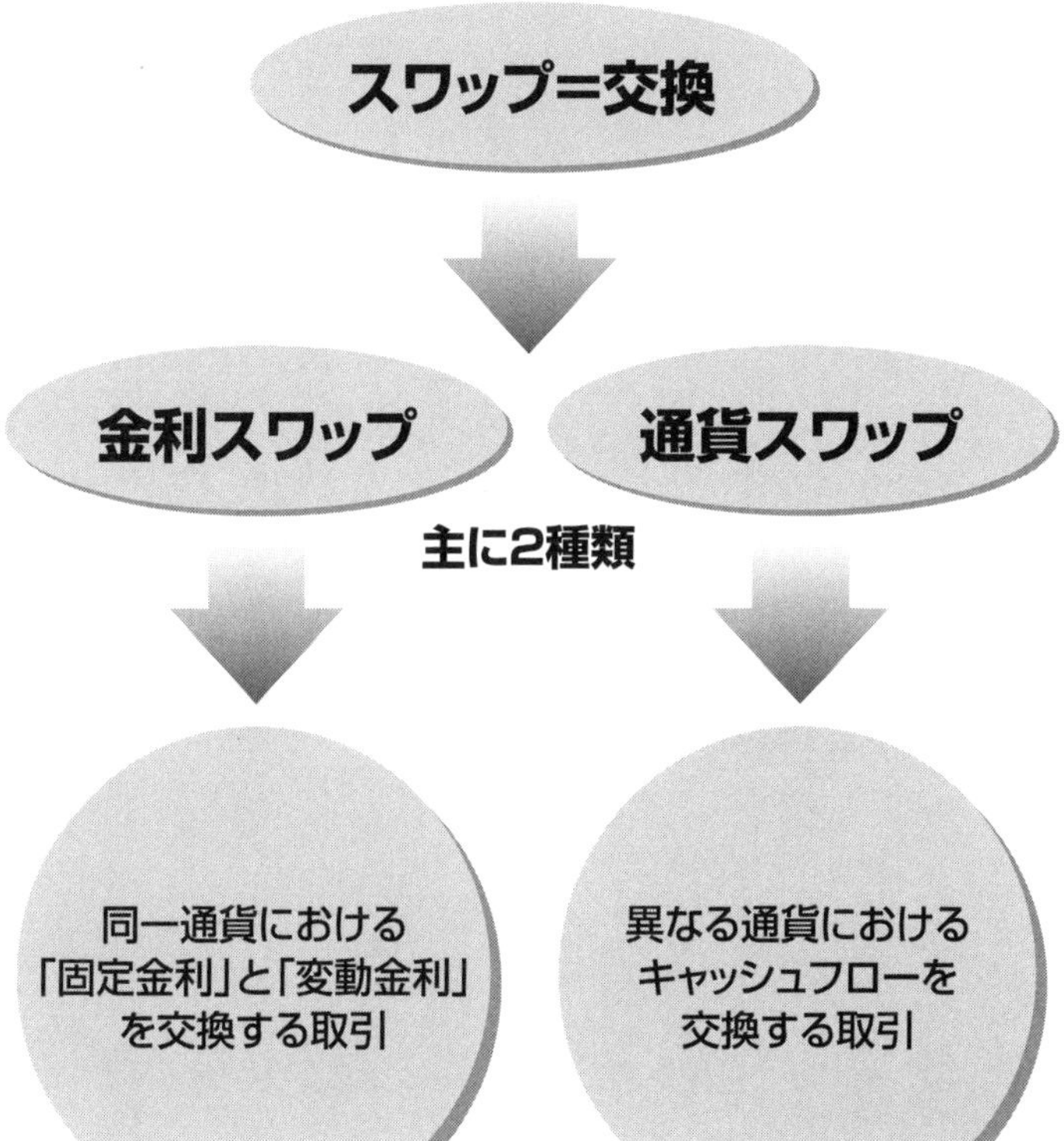
スワップ=交換
金利スワップ
通貨スワップ
主に2種類
同一通貨における
「固定金利」と「変動金利」
を交換する取引
異なる通貨における
キャッシュフローを
交換する取引

金利スワップをしたいときには、金融機関と取引することになります。固定金利をもらって変動金利を払いたいとき、あるいは、変動金利をもらって固定金利を払いたいとき、いずれも金融機関は対応してくれます。

●──なぜ、交換できるのか？

「なぜ交換できるのか」という疑問に単純に答えるには、交換という言葉を無視すべきとなります。というのも「交換＝価格」でしかないからです。

株の売買というのは、株とお金との交換です。なぜ交換できるかといえば、価格が成立しているから、つまり、その価格で売りたい人と買いたい人が世の中にいるからです。

金利スワップの場合も同じです。

変動金利というのは株の価格と同じで、将来どうなるかわからないものです。つまり、ある時点では、買いたい人も売りたい人も同じ数だけいる価格で株価が決まる、というのと同じで、ある時点で将来の金利変動に対して、一定の固定金利を払いたい人も受け取りたい人も同じくらいいる、そんな固定金利の水準に条件が決まるのです。

つまり、金融機関の側が金利スワップの取引を受けることができるのは、その水準であれば、固定金利を受けて変動金利を支払いたい人も、逆に固定金利を支払って変動金利を受けたい人も、どちらも世の中に存在することがわかっているからです。

なぜ、金利スワップは交換できるのか?

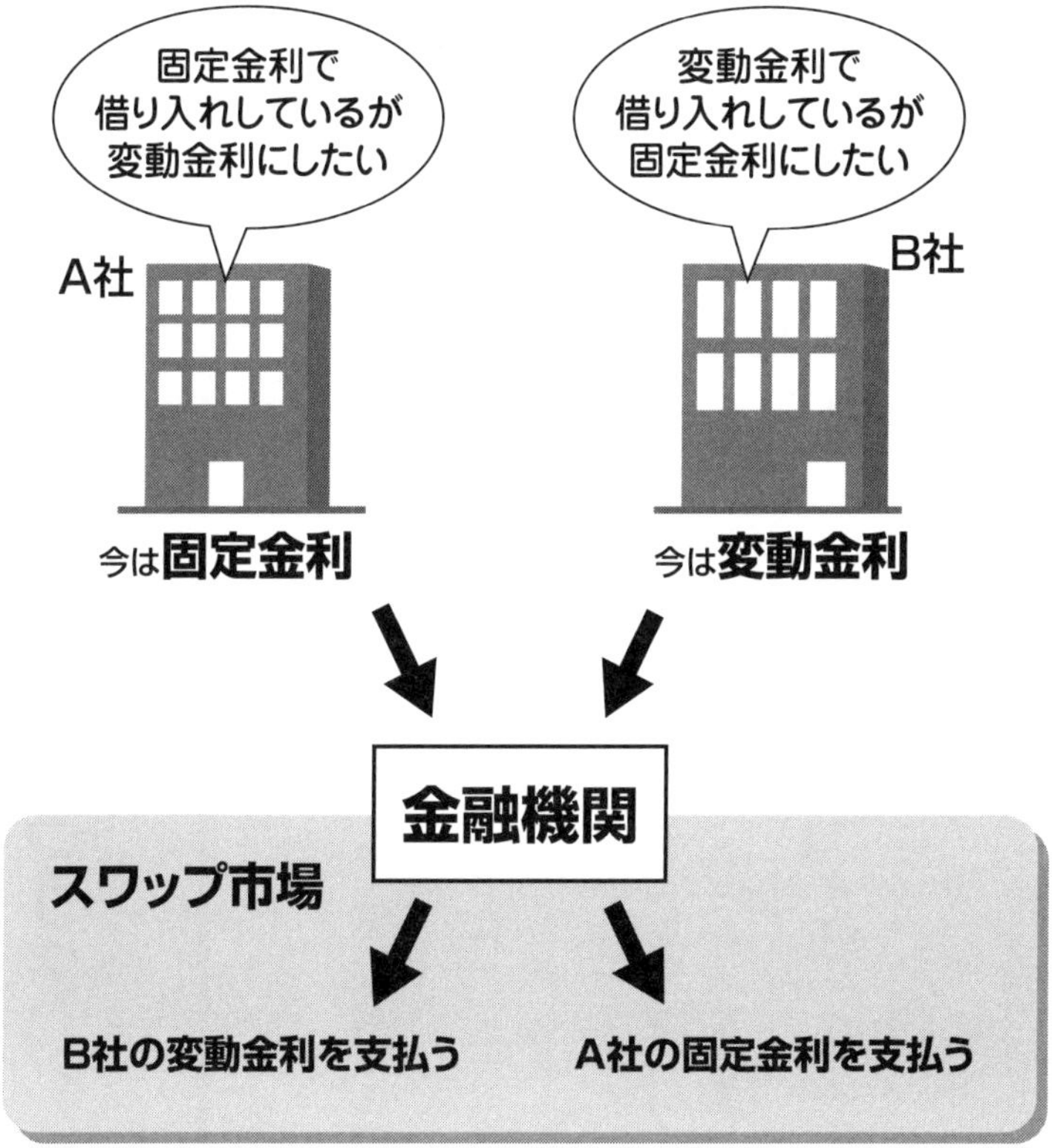

7 「通貨スワップ」って何だろう？

異なる通貨の変動金利を交換する取引

◉―外国為替の取引と何が違う？

通貨スワップというのは、ドルと円、ポンドとユーロなど、異なる通貨の間で変動金利を交換する取引です。

何のためにそんなことをするかというと、ドルの預金を持っている米国の銀行が、日本の国債を買いたいとか、イギリスの会社がユーロ建ての債券を発行したいというときに、一定期間、ある通貨と別の通貨を交換し続けたいからです。

右の説明だけを見て、外国為替の取引を連続すればいいと思った読者もいるでしょう。それはそうなのですが、通貨スワップが通貨スワップである理由は「変動金利同士の交換」であって、将来の金額が決まっていないことなのです。

逆にいえば、将来の金額がわかっているのであれば、外国為替の取引を連続することも可能です。将来に決済が行われるわけですから、先渡し取引、フォワードですね。

◉―金額が決まっていないのに、なぜ交換できる？

通貨スワップで、金額が決まっていない変動金利同士の交換が可能な理由は、変動金利の

¥ 通貨スワップとは?

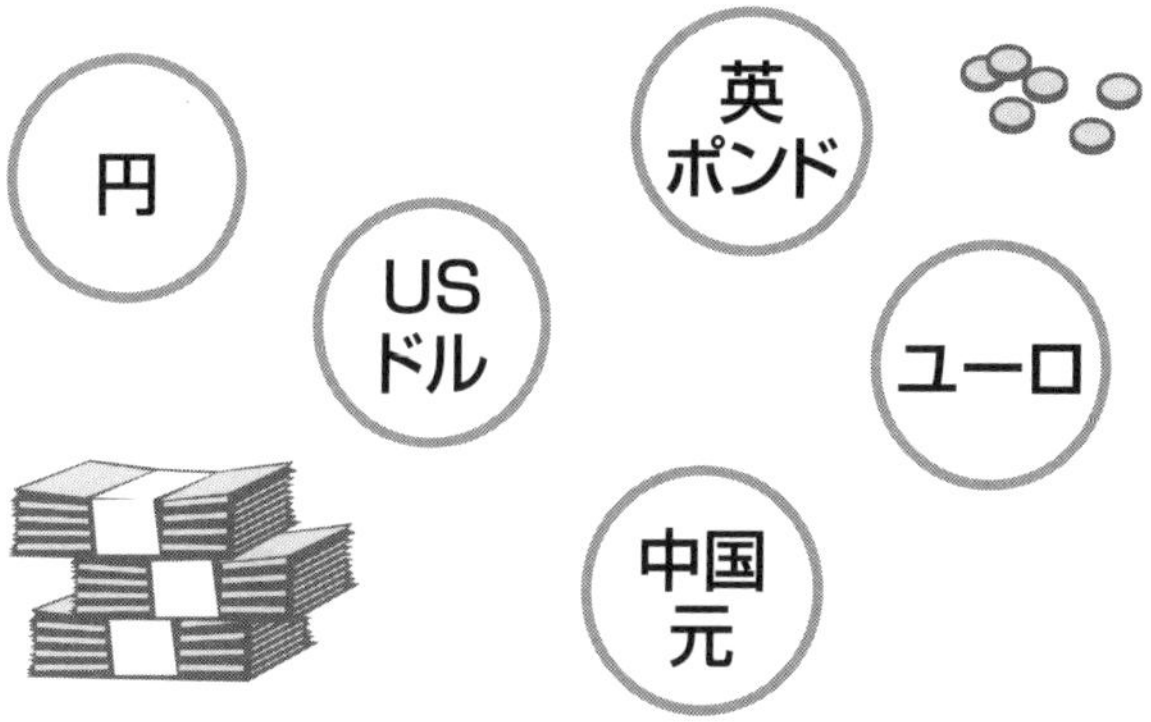

異なる通貨の変動金利を
交換する取引

海外の金融商品を買いたいときや
海外の通貨で資金調達をするときに発生

決め方に特徴があるからです。

金利スワップでの変動金利もそうなのですが、スワップの取引で用いる金利は「銀行間金利」です。

銀行間金利というのは、銀行同士がお金の凸凹《でこぼこ》の調整をするときの金利です。というと難しいのですが、要するに、銀行がお金を借りるのも貸すのも、この金利を基準にしているのです。

銀行からすると、ドルでも円でも、他の銀行からお金を借りることができますし、また、他の銀行にお金を貸すこともあります。円で借りてドルで貸す、ポンドで借りてユーロで貸す、その金利水準自体は変動しますが、その金利は銀行間の金利となります。

つまり、銀行からすれば「銀行間金利」が基準になっていれば常に交換が可能であり、これをもとにして通貨スワップが成立するのです。

ただ、実際には各通貨に対する需要と供給とが偏ることがあるため、少しだけ交換条件に差がつくことがあります。

なお、通貨スワップと金利スワップとを組み合わせれば、通貨の異なる固定金利と固定金利や、通貨の異なる固定金利と変動金利といったスワップも簡単に行うことができます。金融市場の国際化にぴったりのデリバティブというわけです。

¥ 通貨スワップをざっくりというと…

交換の対象

＝

銀行間金利

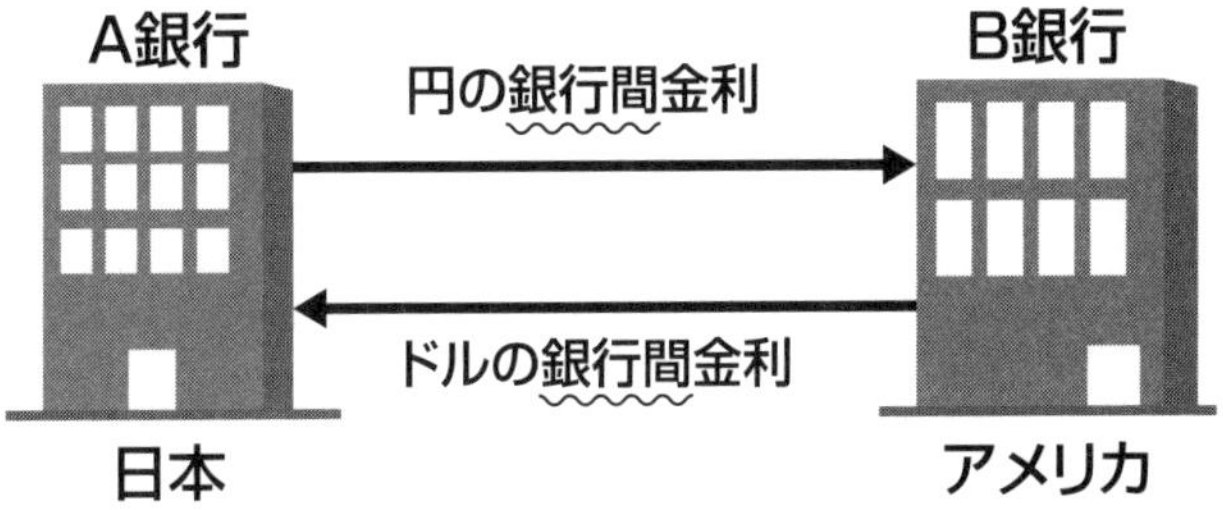

銀行間という条件が同じなので
常に交換が可能

8 商品先物の「商品」って何だろう？

金や原油など目に見えるモノで、相場が立っているもの

◉——英語では「コモディティ」という

小豆《あずき》、大豆、金（ゴールド）、原油といった、「目に見えるモノ」で、かつ「相場が立っているもの」を総称して、「コモディティ」といいます。

日本語では「商品」と訳しますが、商品というのは「売買の対象」という意味の日本語でもあるので、ときたま混乱することもあります。

◉——取引所に上場されている

商品の実際の取引は、モノとお金とが交換されるものですが、「相場」という観点からは、**先物で取引**が行われます。

というのも、先物は「空想上」の将来のモノの取引ですから、輸送とか保管といった手間がかからず便利なのです。

商品先物は、取引所に上場されています。日本では、東京商品取引所、大阪堂島商品取引所の二つの取引所があります。

商品先物とは?

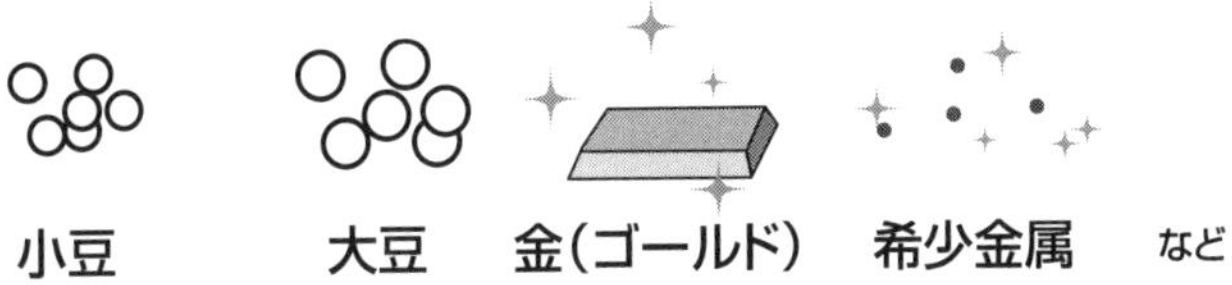

「目に見える」「相場が立っている」一定のモノの先物取引

目的

商品の価格変動のヘッジ(保険)として使われることがある

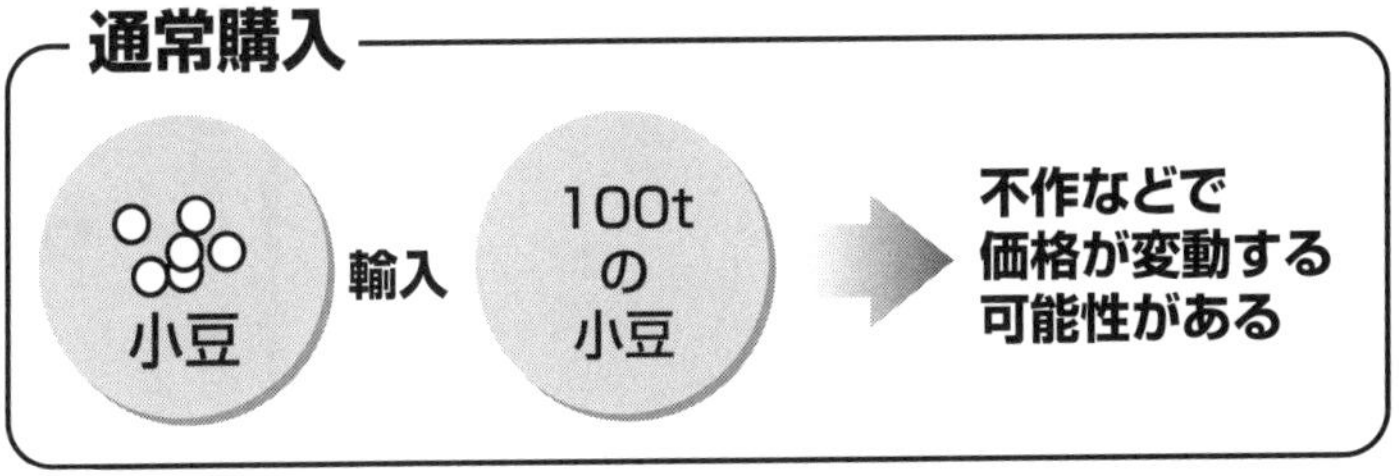

そのためのヘッジとして、同時に商品先物取引をする

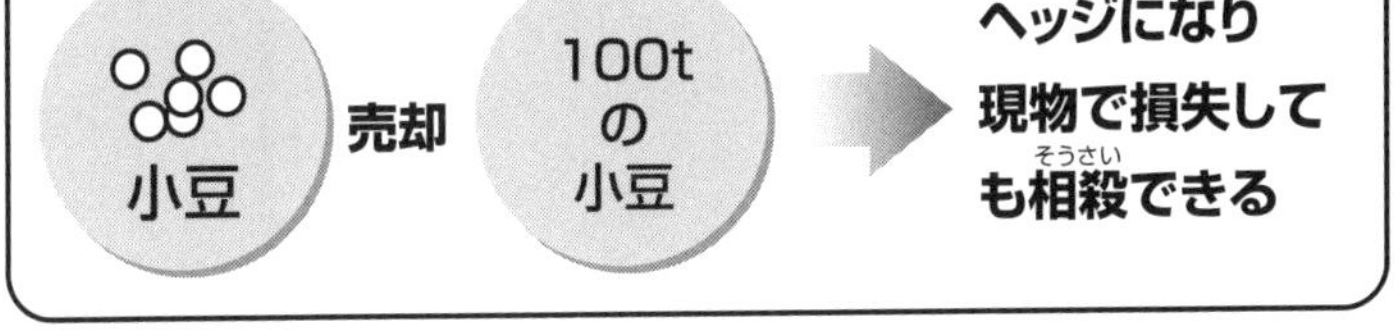

9 「ファンド」って何だろう?

他人のお金を集めて運用することの総称

◉──いろいろなファンドがある

ファンドというのは、他人のお金を集めて運用することの総称で、たとえば投資信託もファンドです。逆に、投資信託ではないファンドとは、「特殊な投資信託」と考えられます。

◉──プライベート・エクイティ・ファンドとは?

「プライベート・エクイティ・ファンド」とは、「非上場会社の株式に投資するファンド」です。

典型的には、上場会社の株式をすべて買って非上場にしたり、大企業の子会社や部門を取得します。多額の借り入れを利用することでも知られています。

世界的に著名なものとして、KKR(コールバーグ・クラビス・ロバーツ)、ブラックストーン・グループ、テキサス・パシフィック・グループなどが挙げられます。

また、「**アクティビスト・ファンド**」とは、投資先の経営に積極的に関与する投資ファンドです。

¥ ファンドとは?

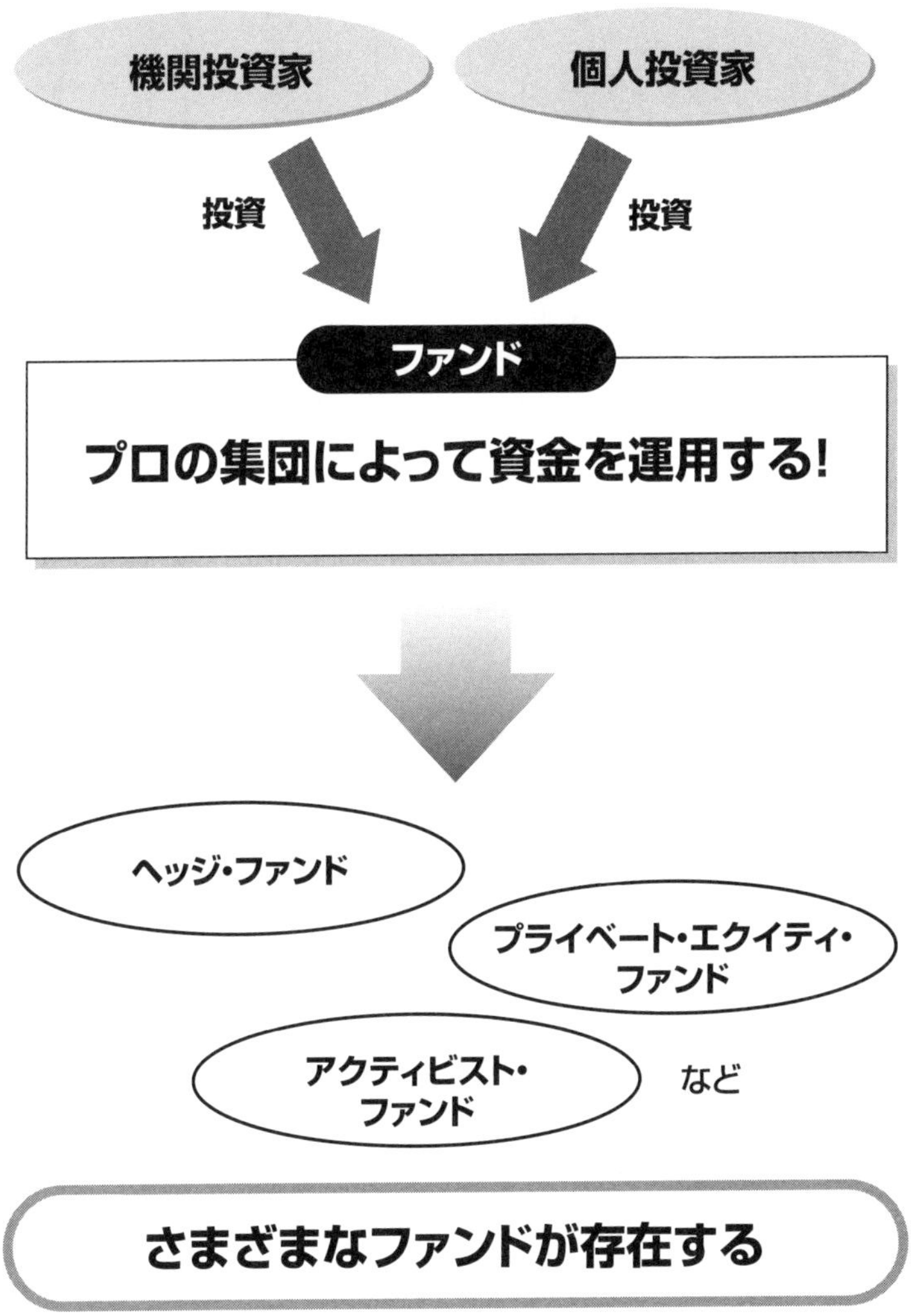
機関投資家
個人投資家
投資
投資
ファンド
プロの集団によって資金を運用する!
ヘッジ・ファンド
プライベート・エクイティ・ファンド
アクティビスト・ファンド
など
さまざまなファンドが存在する

10 「ＥＴＦ」って何だろう？

証券取引所に上場されて売買される投資信託

株価指数などと連動する

ＥＴＦとは、通常の投資信託とは異なり、証券取引所に上場されている投資信託（**上場投資信託**）です。

一般的なＥＴＦは株式の投資信託ですが、運用に際して個別の銘柄を選択するものではなく、「日経平均株価」や「ＴＯＰＩＸ」といった株価指数に連動するように設計されています。

株式投資での資産運用には、銘柄選択をきちんと行い、株価指数よりも好成績を上げようとする「**アクティブ運用**」と、株価指数と同じでよいとする「**パッシブ運用**」がありますが、一般的なＥＴＦは、パッシブ運用と呼ばれる運用法になります。

なお、一般的な投信でも、アクティブ運用とパッシブ運用の違いはあり、パッシブ運用を行うものは「インデックス型投資信託」と呼ばれます。

なお、ＥＴＦは株価指数に連動することを目的とするものだけではありません。金（ゴールド）など商品価格に連動するＥＴＦも注目を浴びています。

どんなETF(上場投資信託)がある?

日経225
連動型
→ 日経平均株価をそのまま表したもの。東証一部に上場している代表的な225銘柄の株価を指数化したもの

日経300
株価指数
連動型
→ 日本経済新聞社が選定した300銘柄の時価総額加重平均方式で算出した株価指数

TOPIX《トピックス》
連動型
→ 東証一部に上場している銘柄すべての株価を指数化したもの(東証株価指数)。日経平均株価と同じように日本株の水準(ベンチマーク)を表すといえるもの

TOPIX
Core30
連動型
→ 東証一部に上場している銘柄の中でも時価総額が特に大きい30銘柄の株価を指数化したもの

その他、金(ゴールド)などの商品価格と連動するものなどがある

11 「商品ファンド」って何だろう？

利息や配当金がない分、売買益を狙うファンド

商品価格は株や債券の価格と連動しない

商品ファンドとは、商品先物の相場で売買をして、利益を上げようとするファンドです。商品価格の動きは、株式や債券とは直接連動しませんが、金融の理屈の一つに「価格が連動しないところに、お金をばらして投資することが望ましい」というのがあって、その点からすると、商品ファンドは適切な投資対象ともいえるのです。

法律上の規制は？

日本では、商品先物相場で利益を上げようとするファンドと、実際に「商品」に投資をして利益を上げようとするファンドとが、同じ法律で規制されています。その法律でいう「商品」には、映画や競走馬なども入ります。

ただ、この規制は「資金運用」に関わる部分であって、資金を集める部分に関しては、金融商品取引法という、株や債券などと同じ法律で規制されています。

商品ファンドとは?

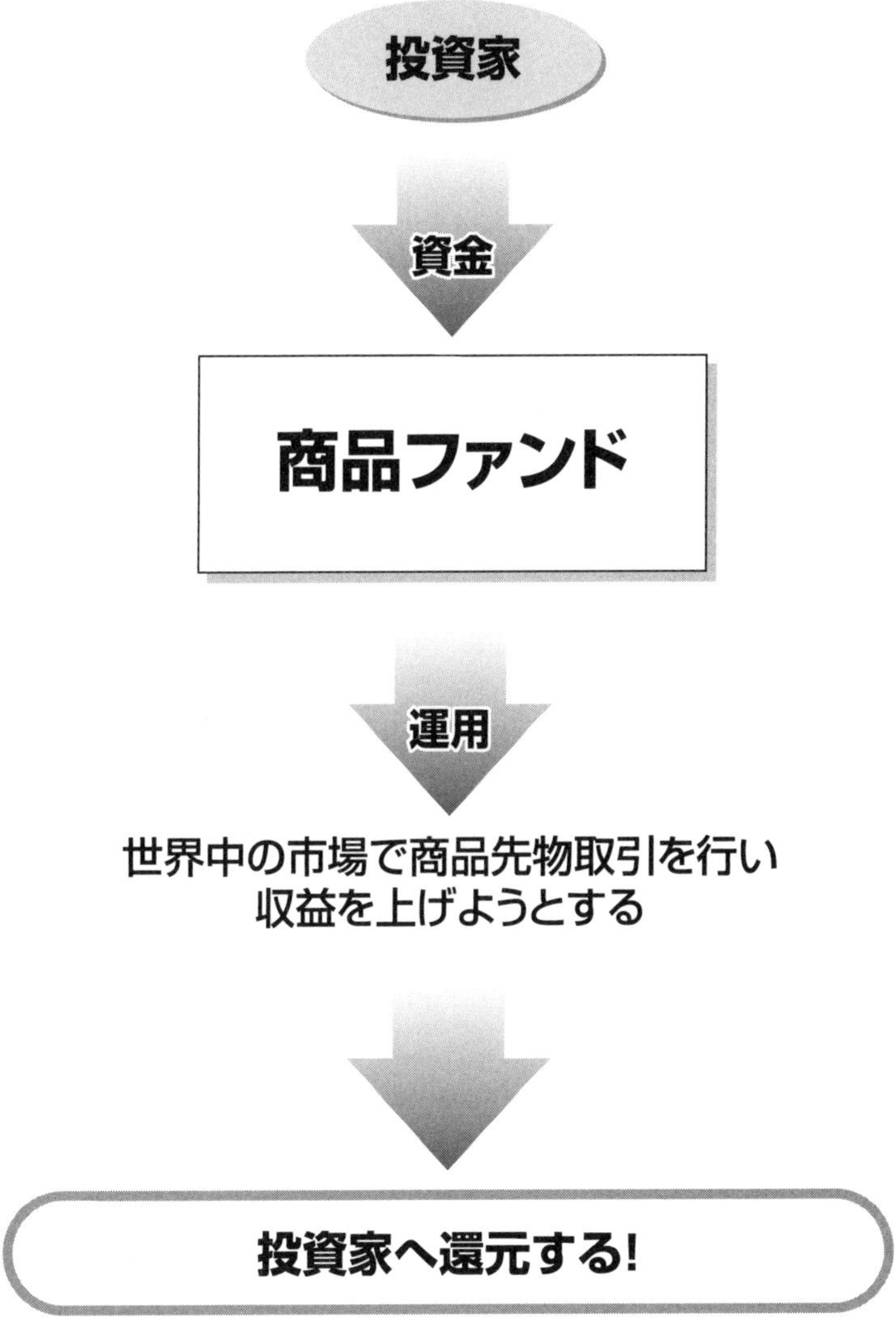
投資家
資金
商品ファンド
運用
世界中の市場で商品先物取引を行い
収益を上げようとする
投資家へ還元する!

12 「ヘッジ・ファンド」って何だろう？

借り入れを利用して、相場を張る人たちのこと

市場の歪《ひず》みを見つけて投資する

「ヘッジ」という言葉は、金融の世界では「リスク回避行動」を意味します。しかし、**ヘッジ・ファンド**とは、別に、常にヘッジをしている人たちのことではありません。

ヘッジ・ファンドに一般的に共通する特徴は、借り入れの利用です。投資家から一〇のお金を集め、金融機関から九〇の融資を受け、合計一〇〇の資金を用いて投資をするのです。一般的に投資対象は相場のあるもので、株、債券、通貨にとどまらず、商品相場にも手を出します。

また、市場の歪みを見つけようとする戦略をとる人たちが多いのも特徴でしょう。誰にでもわかる歪みというのはそれほどないので、ごくわずかな歪みを見つけ、そこに多額の資金を投入するのです。そのために借り入れを利用する必要があるともいえます。

ヘッジ・ファンドは取引額が大きくなりがちなので、銀行や証券会社にとってはきわめて重要な顧客となっています。これは、全世界的に共通しています。

ヘッジ・ファンドとは?

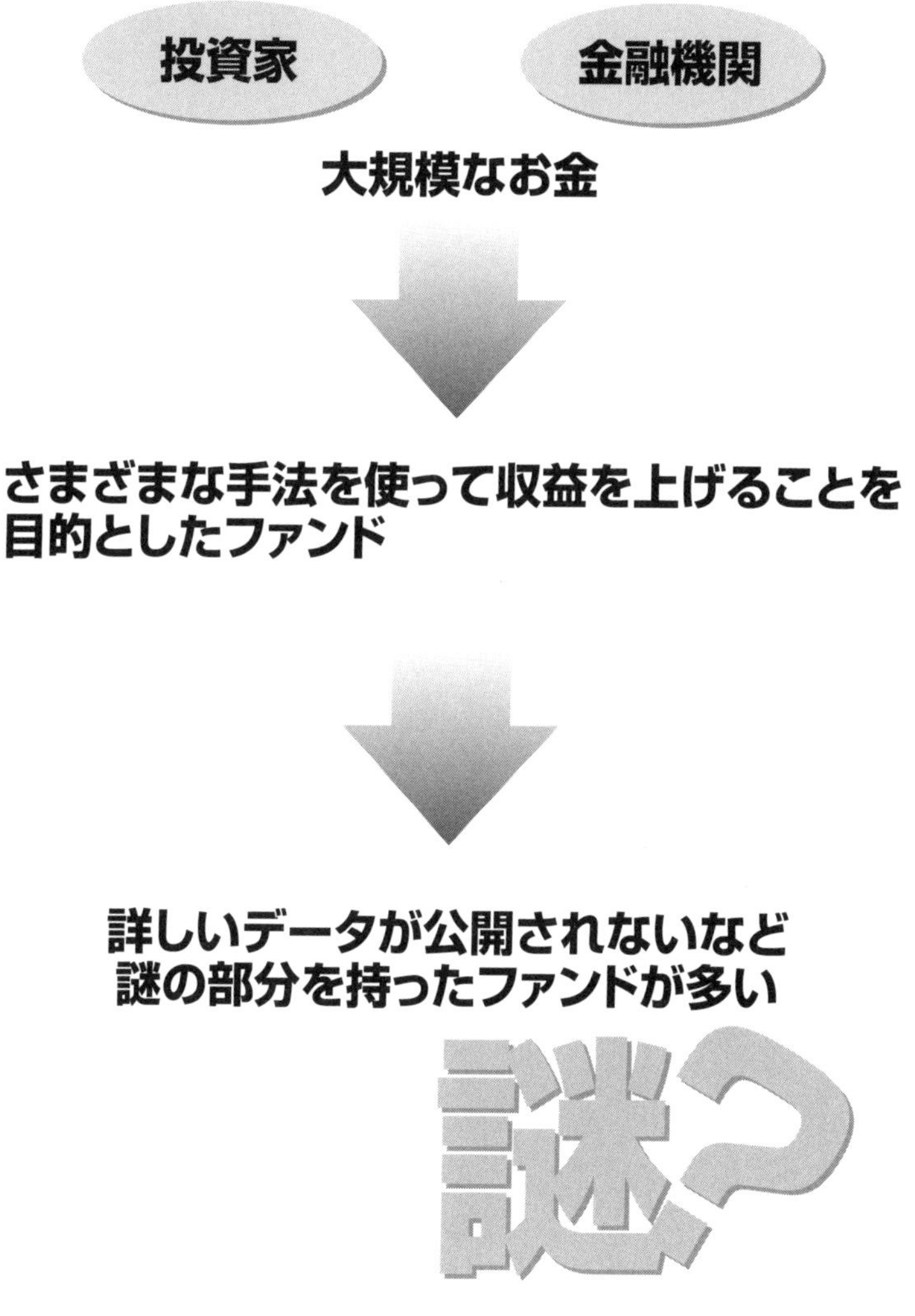
投資家
金融機関
大規模なお金
さまざまな手法を使って収益を上げることを目的としたファンド
詳しいデータが公開されないなど謎の部分を持ったファンドが多い
謎?

13 「フィンテック」って何だろう？

最新のテクノロジーをファイナンスに活用して新たなサービスを創出

◉――目玉の一つ、新たな決済機能で、銀行は大きく様変わりする

金融機関の業務では、コンピュータが重要な役割を果たしているのはもちろんですが、一方、まだまだ旧態依然の部分もたくさん残っています。金融機関が担うファイナンスの部分に、テクノロジーを導入しようというのが**フィンテック**（FinTech）です。

たとえば、住宅ローンの審査をすべて自動化してしまおうというのは、フィンテックのわかりやすい例でしょう。債務者の属性や、取得しようとしている物件、頭金の額などから、融資の可否を決定する、あるいは融資額や融資条件を、人ではなくコンピュータが決めてしまうのです。キャッシュカードや通帳がなくても、生体認証のみでATMを操作することができるといったことも、フィンテックの一例と考えられます。

フィンテックの目玉は、「**決済機能**」です。第1章5で見た旧態依然の送金システムが、フィンテックによって根本的に覆され、銀行の存在意義の重要な一部が、不要になる可能性があるのです。銀行がフィンテックの導入に積極的なのは、このような背景もあります。

¥ フィンテックとは?

フィンテック

FinTech

Finance（金融関連の） ＋ Technology（テクノロジー、技術）

2つをかけ合わせた造語!

フィンテックは…

人手を減らす技術!

- 例 口座開設の自動化
- 例 コールセンター業務のチャットボット化※

※人口知能（AI）を使った自動会話プログラム

フィンテックで…

経験や勘から、アルゴリズムへ!

- 例 ローン審査
- 例 マネー・ロンダリング対策

フィンテックが…

既存の銀行業務を陳腐化させる!

- 例 新たな決済機能

14 「クラウド・ファンディング」って何だろう？

主にインターネットを使い、少額を多数から集める資金調達の仕組み

◉――投資型は、新たな資産運用の手法として広まる

大きな金額を失う可能性のあることに、多額の資金を投入すべきではありません。宝くじを買うことが金融的に不合理なのはよく知られていますが、生活に必要な金額と比べて少額であれば、一攫千金《いっかくせんきん》を夢見ることはあながち悪いことではありません。

失ってもいいわけではないけれども、少額だから耐えられるリスクを利用して、資金調達しようというのが、**クラウド・ファンディング**です。

もともと、金融にはそのような小口化の機能もあるのですが、小口であることを追求したものと考えればよいでしょう。海外ではP2P（ピア・トゥ・ピア＝仲間内）レンディングや、ソーシャル・レンディングと呼ばれる、融資の仲介として進化し、大手の業者も登場しています。

日本では、実質的に不動産に投資をするタイプ、企業に投資をするタイプ、また、融資をするタイプなどが登場しています。海外への融資に特化したクラウド・ファンディングもあり、これまでになかった種類の資産運用の手法として、定着しつつあるようです。

¥ クラウド・ファンディングとは?

Crowd Funding

Crowd → 群衆、多くの人々 ＋ Funding → 資金調達

※「クラウドサービス」などで使われるクラウドは「Cloud」

企業や個人が、主にインターネットを使って

- 小口の資金を
- 不特定多数の人々から集める

→ **資金調達が容易に!**

投資型クラウド・ファンディング

- 企業の株式に投資する
- 企業に融資する
- 個人に融資する
- 不動産に出資する…など

購入型クラウド・ファンディング

- 購入者を事前に募集する
- 資金が集まれば、製作・実行する

寄付型クラウド・ファンディング

- プロジェクトへの寄付を募る

さまざまな
タイプが
あります!

15 「電子マネー」って何だろう？

チャージなどにより、電子マネー運営者に預けたお金で支払いをする

◉――電子マネーは、お金を預けてある証拠

携帯電話に組み込まれた**電子マネー**、定期券と一体となった電子マネーが普及したことにより、現金を持ち歩かなくなった、あるいは、ほとんど使わなくなった人は多いでしょう。

電子マネーの仕組みは、それほど難しいものではありません。電子マネーとは、いわば「お金を預けてある証拠」であって、電子マネーで買い物をするというのは、その**「預けているお金」で支払いをする**ことなのです。

もう少し具体的に見てみましょう。電子マネーには「チャージ」という仕組みがあります。携帯電話や定期券に一万円分をチャージするには、一万円を支払う必要があり、この一万円は「誰か」が預かっています。この状態で三〇〇〇円の買い物をしたとすると、先ほどの一万円を預かっている人から、店舗に対して三〇〇〇円が支払われるのです。

ちなみに、「オート・チャージ」でも、一万円を預けているのは同じです。預けるために、一万円をクレジット会社から借りた形になっているからです。

電子マネーの仕組みは?

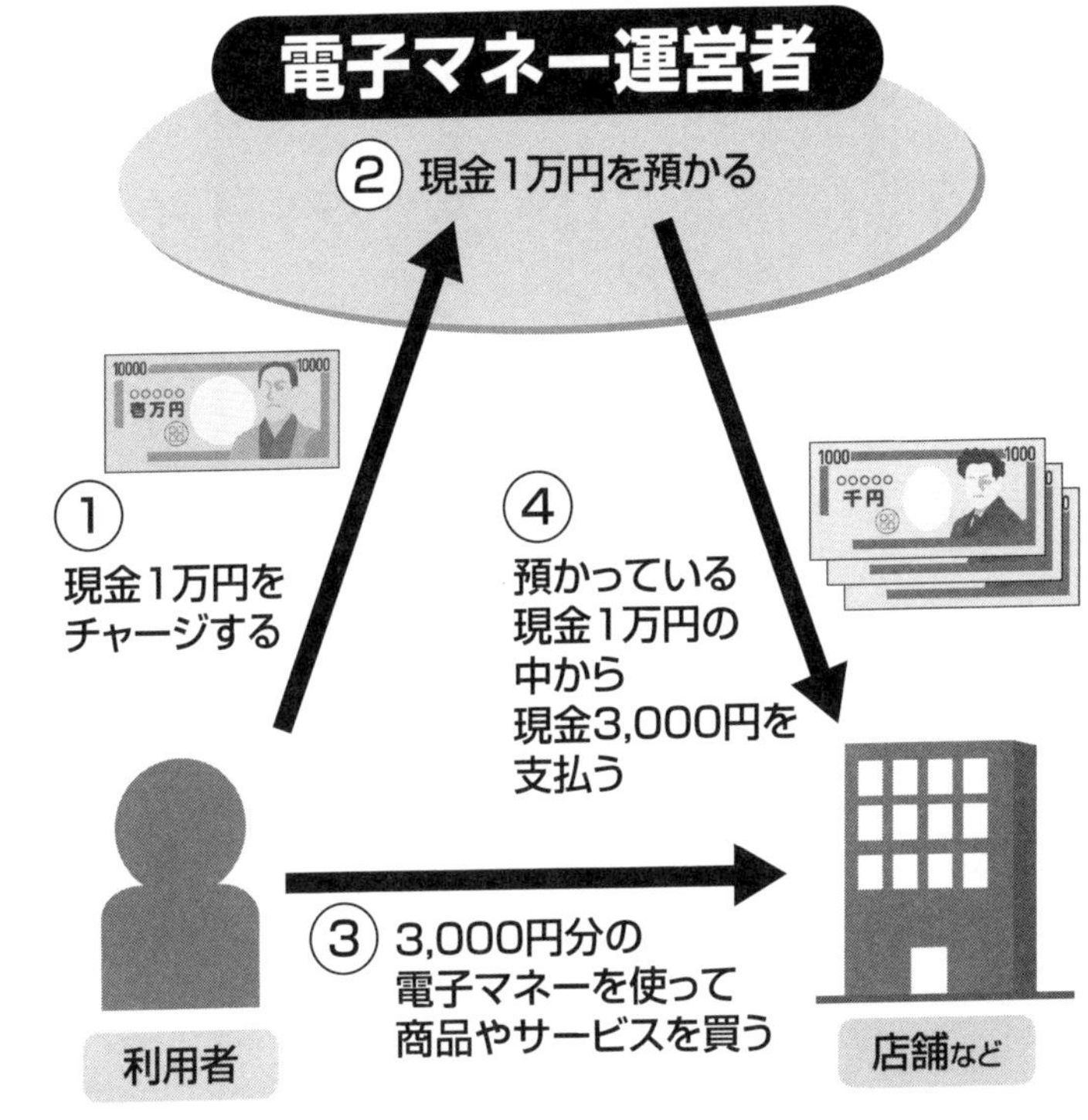

オート・チャージ

電子マネーの残高が一定の金額を下回った場合に、事前に設定した金額が自動的に(オートで)、クレジットカード(クレジット会社)から電子マネーにチャージされるシステム

利用者が1万円をクレジット会社から借りて電子マネー運営者に預ける

16 ビットコインなど「仮想通貨」って何だろう？

政府・中央銀行が価値を認めた通貨ではない

◉——決済手段として利便性が高い

仮想通貨の、最もわかりやすい利用方法は、決済手段です。

たとえばここに、「フォレスト（FRS）」という仮想通貨があって、「一FRS＝一〇〇円」だとしましょう。一〇万円を銀行間で送金しようとするとそれなりに面倒ですし、また手数料もかかるでしょう。ところが、仮想通貨を用いれば、すべてはインターネットで終了しますから、一〇万円分の一〇〇〇FRSを送ってしまえば同じです。

銀行での取引と異なり、仮想通貨の決済は、誰かが独占的に情報を持っているわけではなく、分散型台帳、あるいは「**ブロックチェーン**」という技術を用いて、参加者すべてが共有します。

◉——仮想通貨の価値は刻一刻、変化する

仮想通貨の価値は、一般的には交換業者による取引を通じて決まります。仮想通貨の交換業者は世界各国にありますし、日本だけでも一〇以上の交換業者があります。ここでは、仮想通貨の「価格」が日本円や米ドルなど、一般的な通貨によって表示されています。また、

¥ 仮想通貨とは？

通貨の本質とは…

皆がその価値を認める

具体的には…

労働力の対価として受け入れられる

たとえば…

金（ゴールド） → 皆が欲しがる → **通貨の役割を果たす！**

円 → 日本銀行が1万円というから皆も1万円だと思う → **通貨といえる！**

ところが…

仮想通貨（現段階では）

→ 対米ドル、対日本円など既存通貨との交換比率でしか価値がはかれない → **通貨としての本質を備えていない！**

仮想通貨同士の交換比率も交換業者による取引を通じて決まります。

先ほど、「一FRS＝一〇〇円」という想定を置きましたが、実際に世の中で起きていることは、このような固定相場ではありません。フォレストの価値は、刻一刻と、そのときの取引状況によって変化するのです。価格が上下するところには、その価格の変動によって利益を上げようとする人が登場します。ビットコイン長者は、世界各国で誕生したといわれています。

◉――通貨の本質は「皆がその価値を認めている」こと

ところで、通貨とは何でしょうか。お金の役割は第1章の1・2で見ましたが、通貨として本質的に機能するためには、そのものについて無条件に、皆が欲しがるという条件が必要です。金（ゴールド）が通貨としての役割を担っていたのは、歴史的に金を欲しがる人が多かったからに他なりません。

現在の通貨、たとえば千円札や一万円札を皆が欲しがるのは、**政府・中央銀行がその価値を認めている**からです。「日銀が一万円だといっているのだから、そうに違いない」と皆が思えば、一万円札には一万円の価値があります。労働の対価になるのが通貨の本質ですが、バイト代や給料で一万円札をもらえるとうれしい――これこそ通貨なのです。

◉――仮想通貨は、今後どうなる？

残念ながら、仮想通貨にはこのような意味での通貨の本質はありません。先ほどの例で、仮想通貨「フォレスト」が決済に用いることができる理由は、日本円と交換できるからです。

仮想通貨を用いた決済の仕組みは？

●銀行を通じた、これまでの資金決済

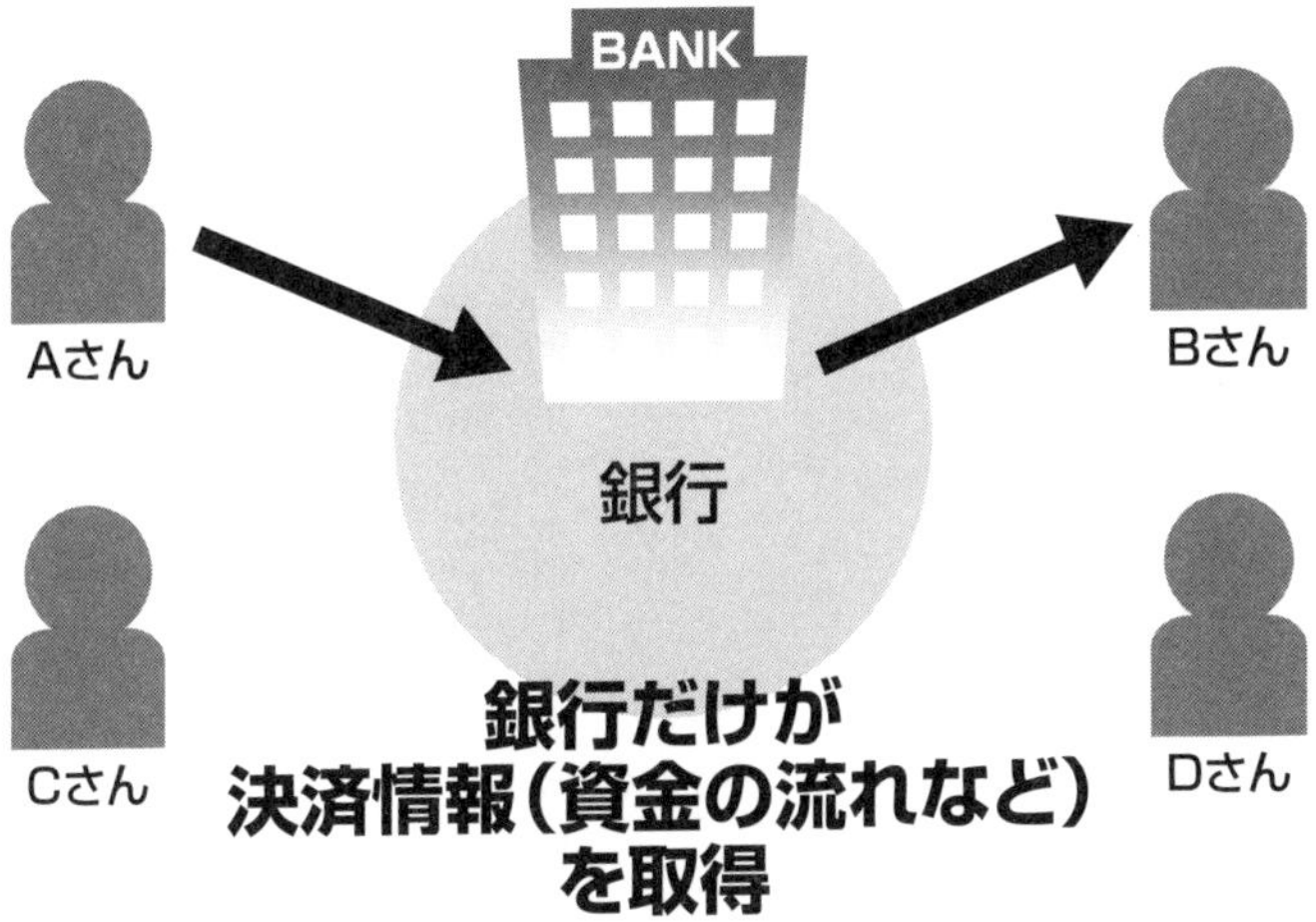

●仮想通貨を用いた資金決済

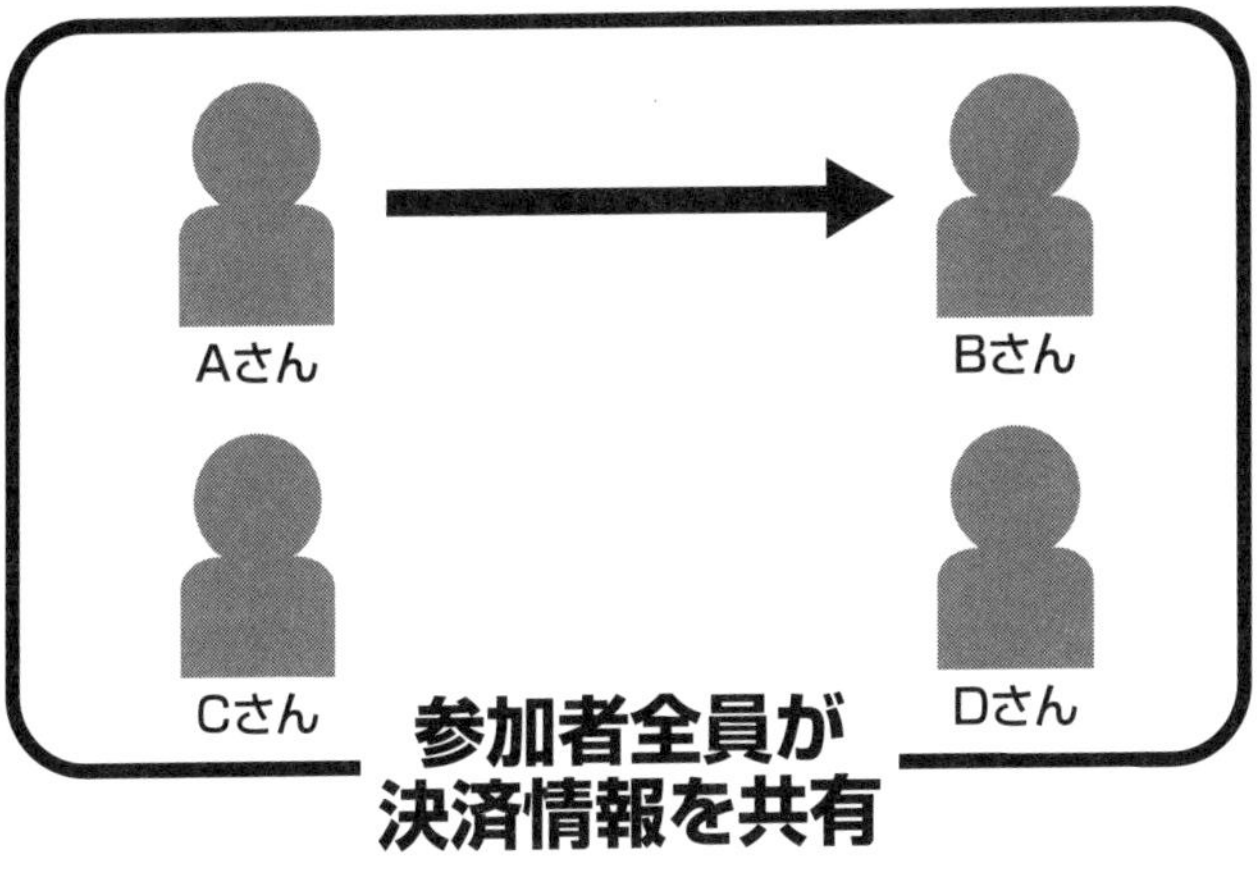

他の通貨との価値でしか、価値を表現できないのであれば、そのものは通貨とはいえません。

しかしながら、決済手段としての仮想通貨には、ブロックチェーン技術の活用と合わせて、高い可能性を秘《ひ》めています。

フィンテック（P212参照）の目玉である決済機能を、技術的に銀行から奪うだけでなく、ブロックチェーン技術の活用によって、決済情報を一元的に管理することが不要になることも想定されるからです。

その意味では、たとえば「一FRS＝一〇〇円」などと固定し、決済にのみ用いるという仮想通貨の姿こそが、現実的な意味での未来図なのかもしれません。

第6章

日常における金融を見てみよう

1 「生命保険」って金融なの?

預かった保険料を運用して返す、金融の役割を果たしている

◉──生命保険の仕組みは?

人の寿命は必ず尽きます。それが早い人もいれば、遅い人もいるだけです。

その原則により、**生命保険**は生まれました。

生命保険(死亡保険)の原則はきわめて単純で、多くの人がいれば「確率的には」一定の割合の人が亡くなることは間違いない、というものです。

たとえば、六〇歳の人が一〇万人いれば、一年後までに、その中の一定の数の方が亡くなっているのは必然です。

生命保険とは、人の死亡に際して保険金を払う契約で、生命保険会社は、多くの人は亡くならないが、一定の割合の方は亡くなる、という前提に基づいて資金の運用をします。

仮に、その割合が一%であれば、掛け金(保険料)を一〇〇倍にして保険金にすることができます。

生命保険会社からすると、保険料の形で預かったお金を一定期間運用して返すだけですが、返す相手が個々人ではなく、不幸にも亡くなった方という特徴があります。

生命保険は金融か?

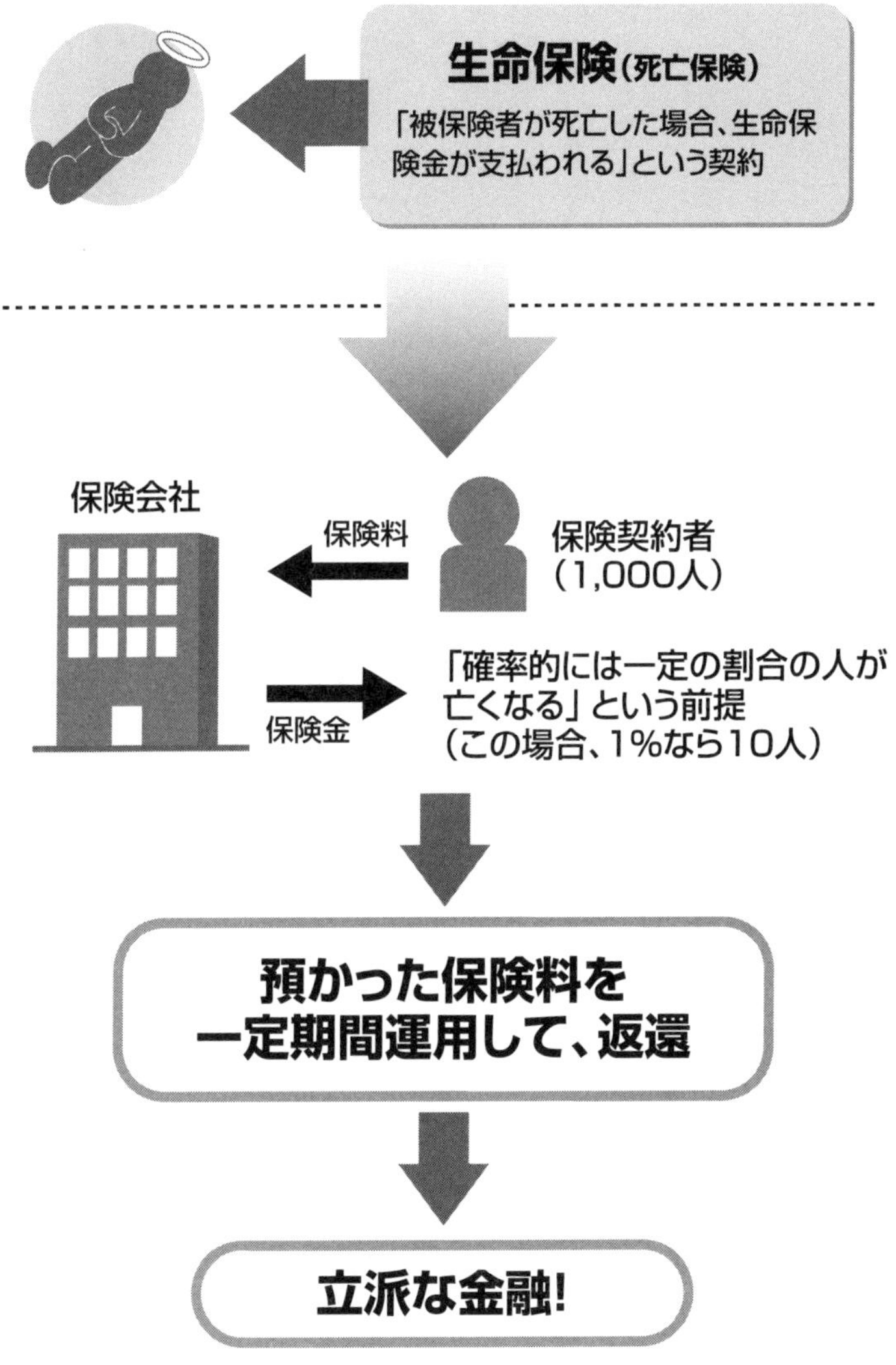
生命保険（死亡保険）
「被保険者が死亡した場合、生命保険金が支払われる」という契約
保険会社
保険料
保険契約者
（1,000人）
保険金
「確率的には一定の割合の人が亡くなる」という前提
（この場合、1%なら10人）
預かった保険料を
一定期間運用して、返還
立派な金融!

つまり、加入者全員を一単位で考えると、生命保険会社は預かったお金を返しているだけであって、これは金融機関の役割に他なりません。

◉──「貯蓄型」は保険＋貯蓄の機能

生命保険会社は、保険料として預かったお金を運用して、企業に融資したり、社債や株式を購入したりして、企業部門へとお金が流れる役割を果たします。

また、国債や地方債を購入して、政府部門にもお金が回るようにしています。

つまり、銀行同様、金融機関として重要な役割を果たしているのです。

なお、ここまでの説明は、いわゆる「掛け捨て」、つまり、期間中に死亡しなければ、保険料は返ってこない保険に絞って説明しました。もっとも、「貯蓄型」の保険であっても理屈はあまり変わりません。

貯蓄型では、掛け捨ての機能に加えて、自分の払った保険料の一部が保険金として戻ってくるという、いわば銀行預金のような機能がつけ加えられているだけなのです。

その意味でも、生命保険会社は金融機関なのです。

¥ 貯蓄型保険の仕組み

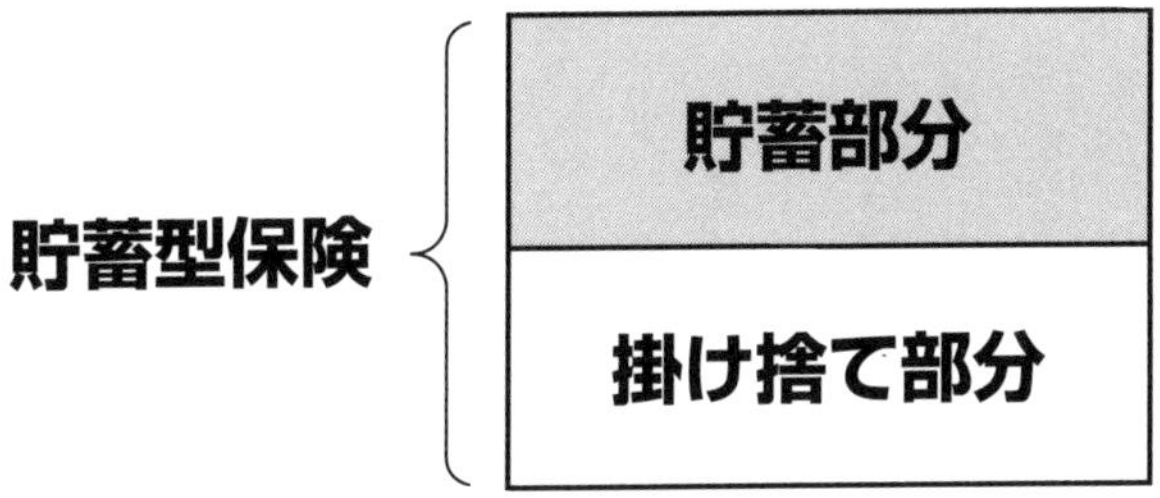
貯蓄型保険
貯蓄部分
掛け捨て部分

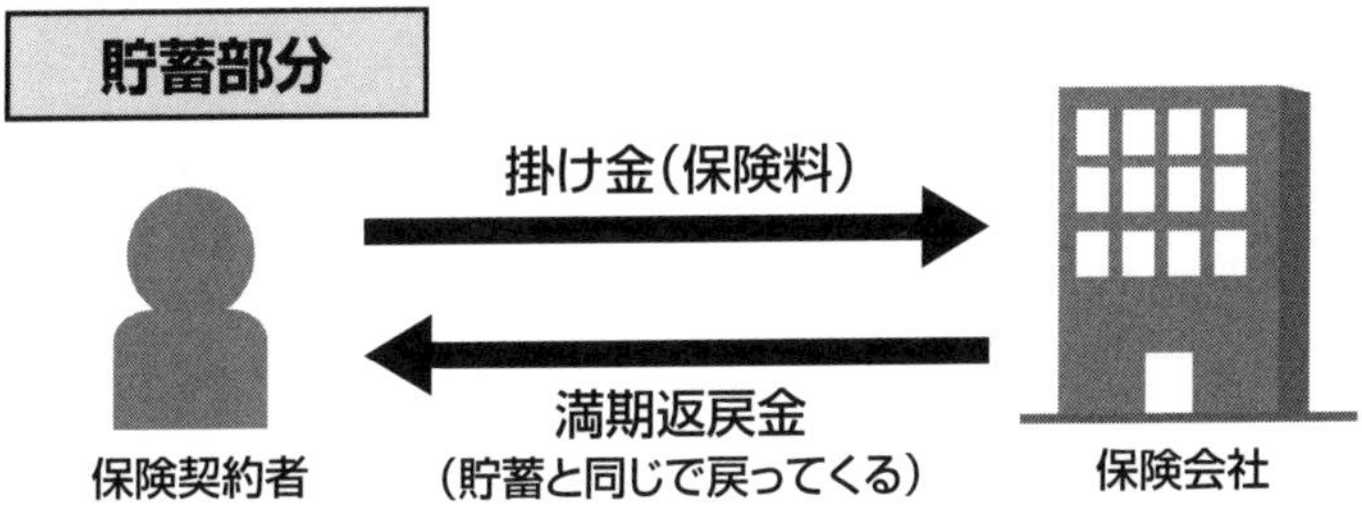
貯蓄部分
掛け金（保険料）
満期返戻金
（貯蓄と同じで戻ってくる）
保険契約者
保険会社

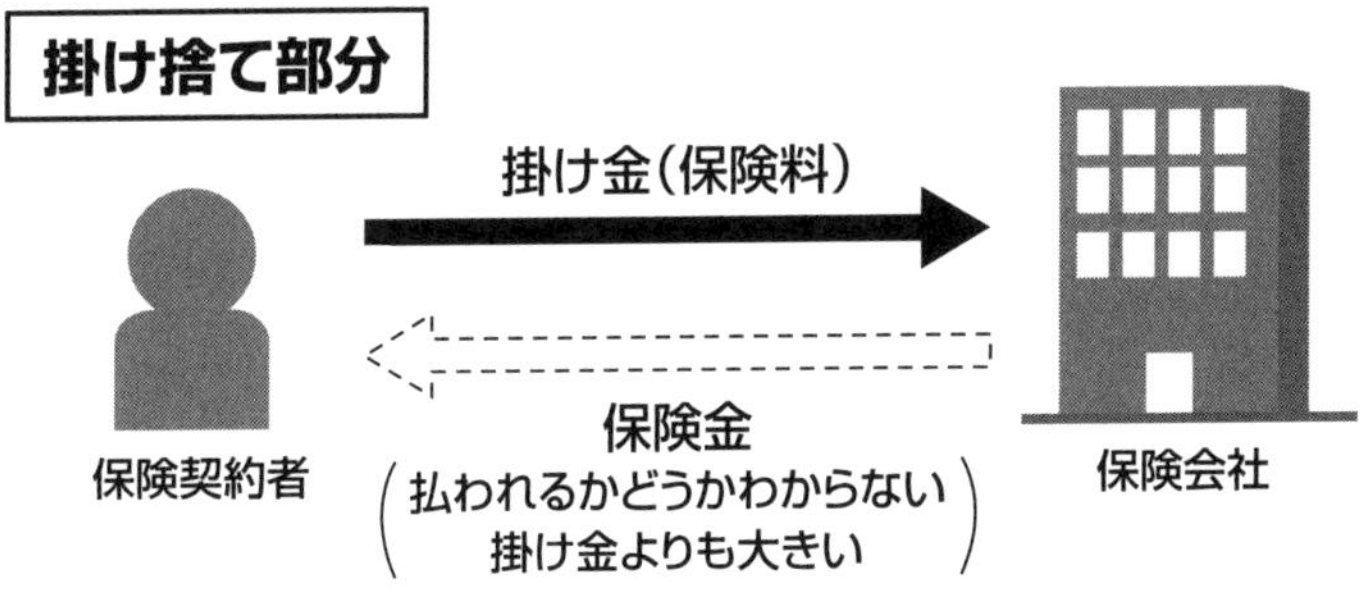
掛け捨て部分
掛け金（保険料）
保険金
（払われるかどうかわからない
掛け金よりも大きい）
保険契約者
保険会社

2 「変額保険」って何の額が変わるの？

運用の結果次第で、受け取る保険金の額が変わってくる

◉──通常の生命保険は初めに決められた保険金額を受け取る

通常の生命保険では、「金融機関としての」生命保険会社の運営がうまいかどうかと、もらえる保険金との間には関係がありません。生命保険会社が破綻《はたん》しない限り、掛け捨てであれば被保険者死亡時に、貯蓄型であればそれに加えて満期時などに、保険金や返戻金を受け取ることができます。

これは「年金保険」と呼ばれる保険でも同じです。年金保険とは典型的な貯蓄型の保険で、保険料を積み立て・運用し、将来、年金として受け取るものです。

◉──変額保険は将来の保険金額が変動する

一方、**変額保険**というのは、保険金、つまり将来の受取額が変動します。どう変動するかというと、生命保険会社が保険料を運用する、その運用成績によって変動するのです。ですから、運用が失敗して元本割れをすることもあれば、逆に運用がものすごくうまくいって、払い込んだ保険料の倍になることもあるかもしれません。

一時払い養老保険と呼ばれる商品が、変額保険の典型的な商品となります。また「変額年

¥ 変額保険とは?

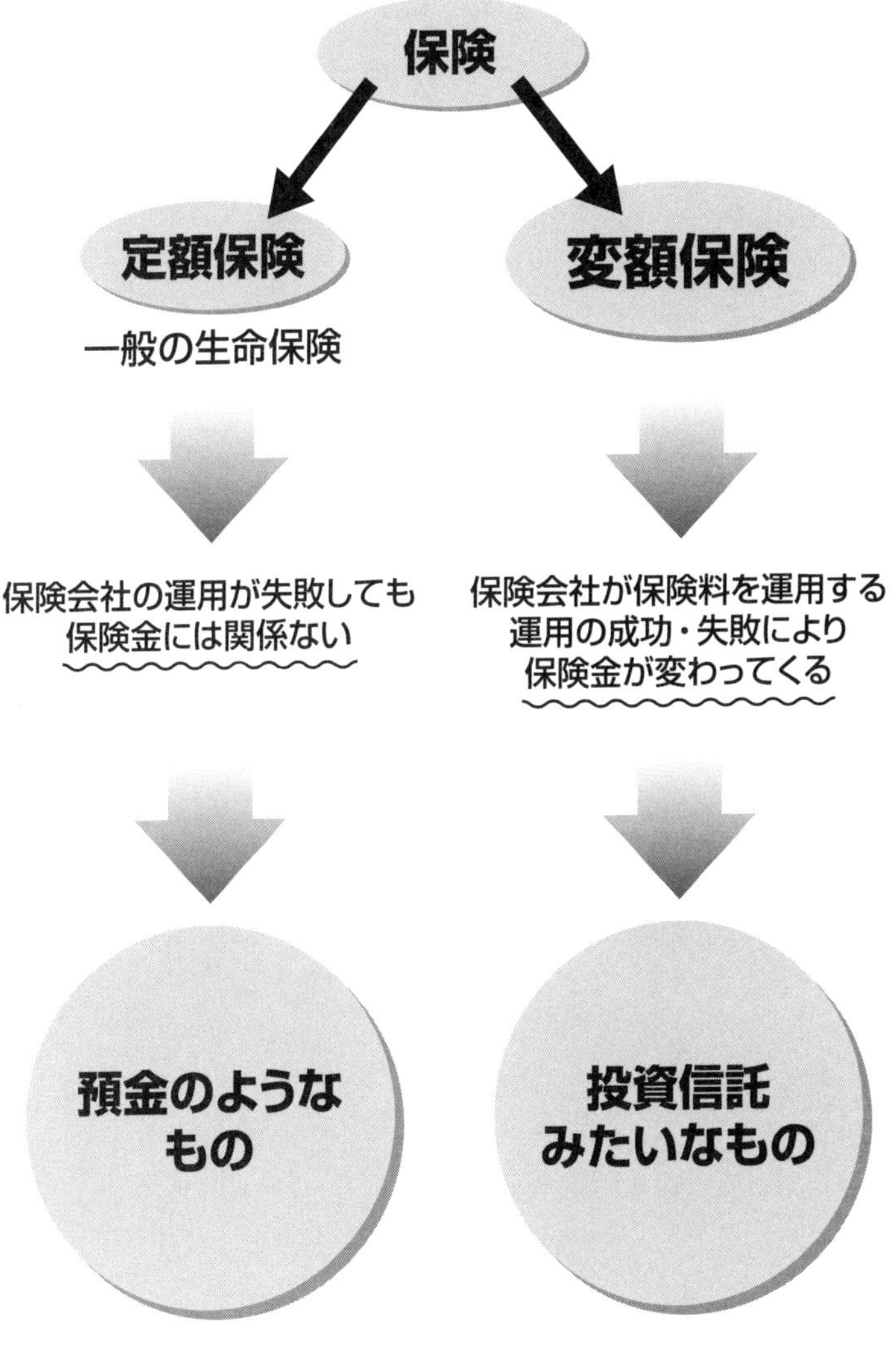
保険
定額保険
一般の生命保険
変額保険
保険会社の運用が失敗しても
保険金には関係ない
保険会社が保険料を運用する
運用の成功・失敗により
保険金が変わってくる
預金のような
もの
投資信託
みたいなもの

金」と呼ばれる商品もあり、これは、将来受け取る年金の額が、運用成績によって変わるというものです。

◉――変額保険は投信と同じ性質を持つ

お金を預けた先が破綻しない限り、約束されたお金が戻ってくるというのは、銀行預金に見られる特徴です。一方、運用の巧拙《こうせつ》によってお金の増え方・減り方が変わるというのは、投資信託に見られる特徴です。

つまり、通常の生命保険は長期の定期預金、変額保険は投資信託と同じ性質を持っていると考えられます。

◉――複利の効果と税金に注意

保険商品全般にいえることですが、複利の効果による長期運用のメリットというものがあります。

通常の運用商品と異なったり、運用によって得られた利息などを払い出さないで再投資できるので、その分、元利合計が増えやすくなっているのです。

また、利息などを払い出さないため、毎回税金がかかるわけではなく、その分、預金や投資信託よりも運用効率がよくなるという点も指摘できるでしょう。

¥ 定額保険・変額保険のメリットとデメリット

定額保険

メリット	デメリット
・保険会社の運用に関わらず、一定金額が保証されている ・支払う費用、返ってくるお金が確定しているので、不確定要素が少ない	・自分が支払える分しか、保険金はもらえない

変額保険

メリット	デメリット
・運用次第で、受け取れる保険金が増える可能性がある ・運用に関わらず、死亡保険金が保証されている	・運用がうまくいかないと、受け取れる保険金が減る可能性がある（元本保証された保険もある） ・販売手数料や運用管理費などのコストがかかる ・途中解約すると解約手数料が発生する

3 「損害保険」って金融なの？

生命保険と同様に、預かった保険料を運用して保険金を支払っている

◉──偶然の事故による損害の補償

生命保険は、被保険者の死亡により保険金が支払われる保険でしたが、**損害保険**は「偶然の事故」による「損害の補償（穴埋め）」のために保険金が支払われる保険です。人間の寿命が尽きるのは偶然ではなく必然ですし、人間の死亡による「損害」は金銭で計れるものではは必ずしもないため、損害保険と生命保険とは異なる保険なのです。

とはいっても、その背景にある理屈は同じです。

損害保険会社から見ると、保険契約者の数が多ければ「偶然の事故」は「必ず起きる」ことになります。一定数のドライバーがいれば自動車事故は当然何件か起こりますし、一定数の家屋があれば火事は必ず起きます。その割合がわかっていれば、損害保険会社のやっていることは、預かったお金をうまく運用しているにすぎないのです。

なお、損害保険で保険金が支払われる場合のことを「**保険事故**」といいます。生命保険における、被保険者の死亡と同じと考えればいいでしょう。

¥ 損害保険は金融か?

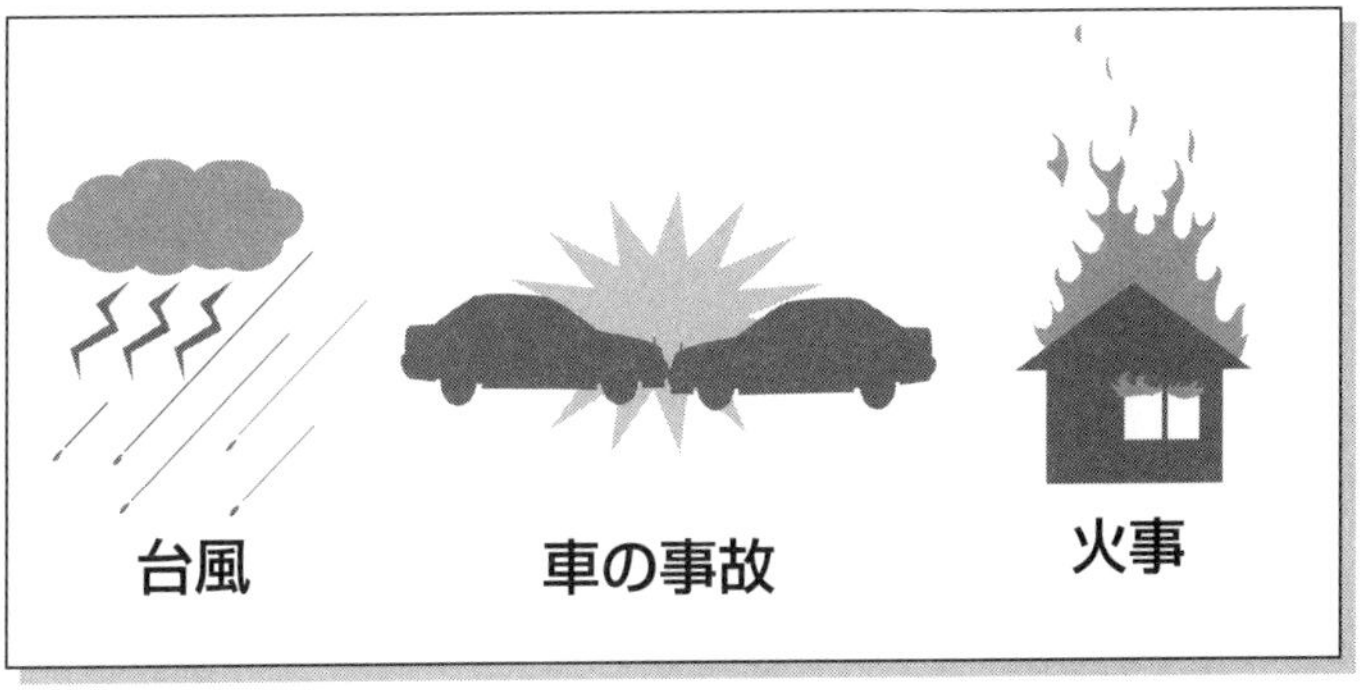

事故や災害は一定の確率で起きる

↓

その前提で、預かった保険料を運用して、返還

↓

立派な金融!

4 「再保険」って何だろう？

保険会社が使う保険のこと

◉──保険会社のみを顧客とする再保険会社

再保険とは、読んで字のごとく「保険を再度保険にかける」という意味です。

たとえば、一〇〇億円分の保険を引き受けた保険会社が、万が一、保険金支払いが五〇億円を超えたら倒産してしまうといった場合、いったん自分で引き受けた一〇〇億円の保険のうち、五〇億円を別の保険会社に保障してもらうのです。五〇億円を超えたら保険事故になる場合、損失を折半する場合、といくつかの契約の方法はありますが、保険会社が用いる保険ということで「再」保険なのです。

再保険は、通常の保険会社（「元受《もとう》け」という）の間でも引き受け合うことがあります。また、再保険会社といって、保険会社だけを顧客とする保険会社も存在します。有名なのは、スイス再保険とミュンヘン再保険ですが、世界中には大小合わせて多数の再保険会社が存在しています。

なお、損害保険だけではなく、生命保険の再保険も可能です。

再保険とは?

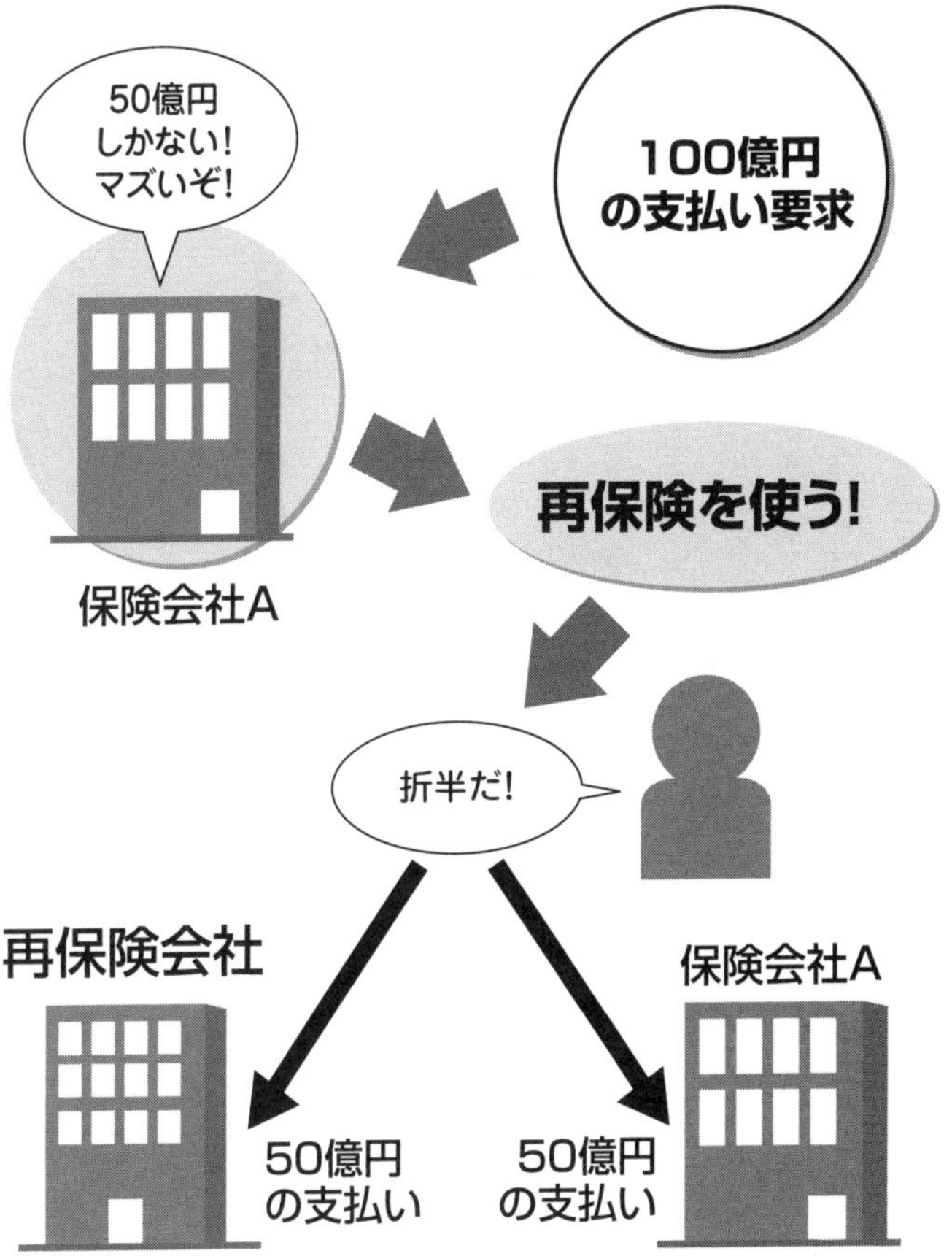

再保険は、保険会社のための保険

5 「企業年金」って何だろう？

公的年金に上乗せする形で、福利厚生として会社が社員に支給する

◉――給付額があらかじめ決まっているのが、確定給付型

日本の年金制度については、「三階建て」という表現がよく用いられます。

このうち、一階部分は、日本に住んでいる二〇歳以上・六〇歳未満のすべての人が加入する**「国民年金（基礎年金）」**、二階部分は、会社などに勤務している人が加入する**「厚生年金」**で、この二つは公的年金です。これらは、現役世代から資金を集めるという点では、税金と同じ機能を果たしており、受給者にとっては社会保障の役割を果たします。

企業年金は、これら公的年金に上乗せする三階部分で、役員・従業員に対する福利厚生としての位置づけとなります。企業年金には、大きく分けると**確定給付型**と、**確定拠出型**（次節参照）があります。確定給付型の年金とは、給付額、つまり受け取る側からすると、受け取る金額があらかじめ決まっているものです。給付額が決まっていますから、企業年金の側では、資金を運用することでその給付に備えることになります。運用が失敗しても給付額は変わりませんが、運用がうまくいけば余裕が生まれます。そこで、各企業年金はさまざまな運用を工夫することになるのです。

日本の年金制度は3階建て（一般論として）

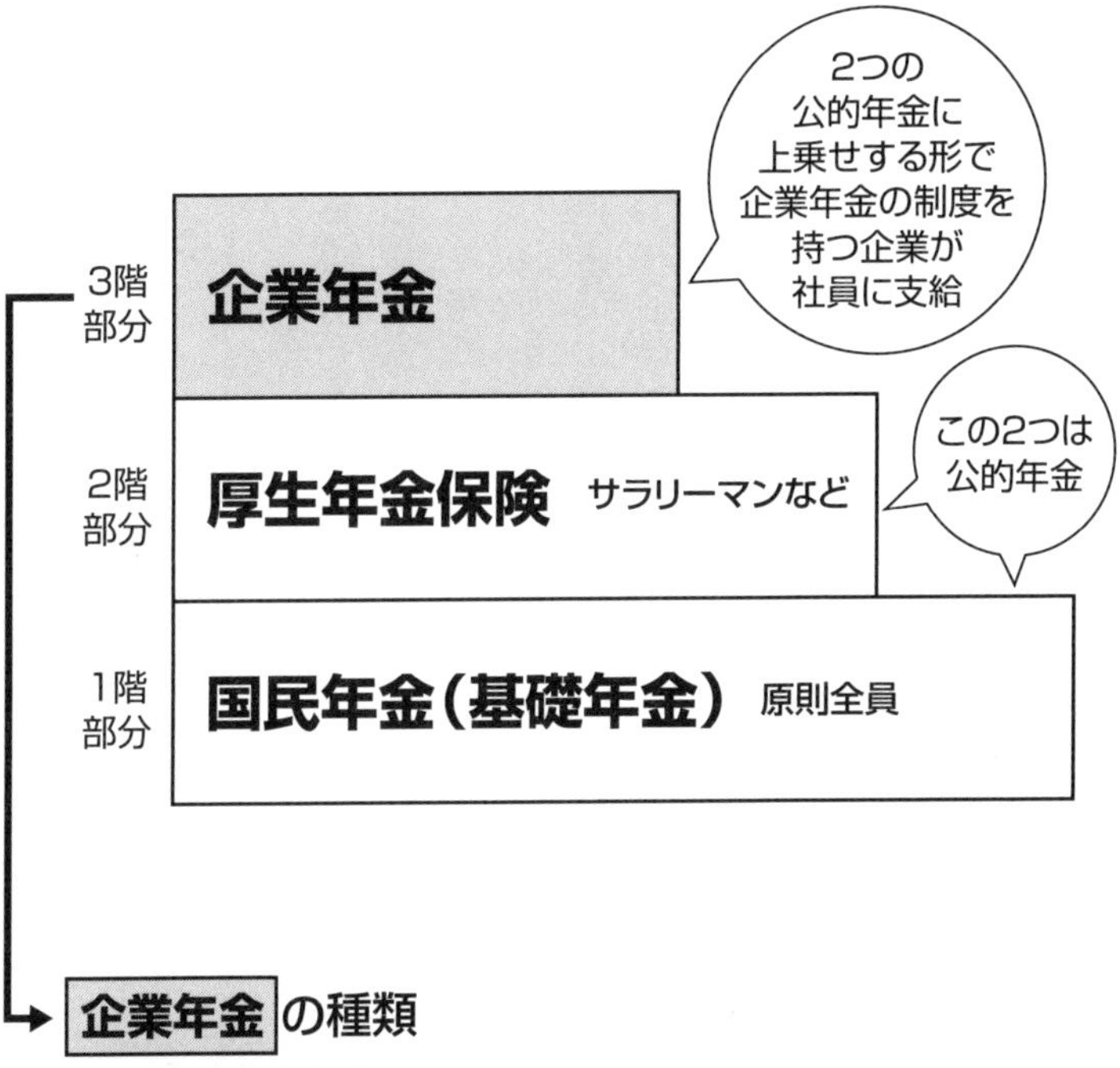

企業年金の種類

確定給付型

- 給付する金額（給付額）が決まっている
- 将来の給付に向けて企業年金側が年金資金を運用する

確定拠出型

- 拠出する金額（拠出額）が決まっている
- 年金資金の運用は年金を受け取る個人が行う

6 「確定拠出年金」って何だろう？

拠出額は決まっているが、給付額は加入者の資金運用の成果により増減

◉──運用対象を何にするかは、加入者自身が決める

確定給付型の企業年金は、企業年金の側が給付額を約束し、企業年金が資金を運用します。企業年金基金という組織を作って運用だけを行っているケースと、企業の財務部などが運用しているケースがあります。

一方、**確定拠出型の企業年金**（**確定拠出年金**）では、企業年金そのものは運用を行いません。確定拠出というのは、制度に加入している人が掛け金として拠出する金額は「毎月いくら」と確定している一方で、給付する金額が確定していないという意味です。給付が確定しないのは、**掛け金の運用の成功や失敗によって給付額が増減する**からです。しかも、その運用方法は、加入している人が選ぶのが、確定拠出型の企業年金なのです。

具体的には、企業年金の側で、預貯金など元本が確定している運用対象の他、投資信託など元本が保証されていない運用対象を提示し、その中から、加入者が組み合わせを選びます。運用対象の入れ替えは可能ですが、そのタイミングなどを含めて、運用の成功、失敗は加入者の責任であり、その後の年金給付額の増減も加入者の責任となります。

確定拠出年金とは?

- □ 企業年金側は年金資金の運用を行わない
- □ 運用するのは加入者自身
- □ 何で運用するかも加入者自身が選択する
- □ 運用先の選択肢は、企業年金側が提示する

たとえば… ・預貯金など→元本確保
・各種の投資信託など→運用益を狙う

□ 選択した運用が…

うまくいけば… → 受け取る年金額が **増加!**

失敗すれば… → 受け取る年金額が **減少!**

長期間の積み立ては
健全な財産形成に不可欠
という考えが
ベースとなっています

◉――個人などでも加入できる確定拠出年金「iDeCo」

確定拠出型の企業年金は、長期・積立という性質から、長期間にわたる財産形成に向いています。財産形成は国民すべてにとって有用ですし、また、株式投資に長期的な視野を導入することは、市場の健全な発展に重要です。

そこで、自営業者や、勤務先に企業年金の制度がないサラリーマンなどは、**個人型の確定拠出年金**に加入することができました。これに加え、主婦や公務員も加入できるように、個人型の確定拠出年金の制度が拡張され、平成二九（二〇一七）年から「iDeCo（イデコ）」として運営されています。

iDeCoでは、掛け金が所得控除となり、税金の計算上、その分の所得がなかったことになります。また、運用している間の利益には税金がかからないため、運用益をさらに運用する際の効率がよくなります。

実際には、これらは税の繰り延べで、年金や一時金で受け取るときに税金がかかるのですが、その場合にも一定の控除があって、多くの場合には、受け取る金額のすべてに税金がかかることはありません。

¥ iDeCoとは?

iDeCo(イデコ)=個人型の確定拠出年金

- 自営業者や、勤務先に企業年金制度がない
  サラリーマンなどが加入可能
- 2017年に、主婦や公務員も加入対象となった

メリット　3つの**税制優遇**がある!

税制優遇1　**所得控除が受けられる**

掛け金を所得から控除
〈例〉　年12万円の掛け金、税率20%
→2万4,000円、税金が減る!

税制優遇2　**運用益が非課税となる**

運用益が出るたびに税金がかからない
→運用益をムダなく再投資できる!

税制優遇3　**年金受け取り時にも控除が受けられる**

7 「ローン」って何だろう？

担保や、借り入れる人の信用力をもとにお金を貸す

◉——住宅ローン、カードローンなどがなじみ深い

私たち個人が、**ローン**（貸し付け）を利用する典型的なものは、**住宅ローン**でしょう。多くの人は頭金を準備したうえで、足りない分は住宅ローンを借ります。住宅ローンでは、購入する家が担保になっていて、返済できないと家を売却して返済に充当します。

住宅ローン以外で、ローンとして私たちに比較的なじみがあるのは、**カードローン**です。カードローンには二種類あって、クレジットカードに買い物枠とは別に用意されているキャッシングを利用するものと、銀行などが「ローンカード」として、クレジットカードやキャッシュカードとは別のカードを発行し、そのカードを用いて借り入れや返済をするものです。

この他、保有している不動産を担保に融資を受ける、**不動産担保ローン**もあります。たとえば、二〇〇〇万円の価値があるマンションで、住宅ローンの残債が一二〇〇万円しか残っていなければ、八〇〇万円の価値を担保に利用して融資を受けるのです。

また、入学金や学費に充当するために、**学資ローン**を利用するケースもあるでしょう。

¥ 個人向けローンの種類

担保が必要なもの

- □ 住宅ローン
- □ 不動産担保ローン
- □ 住宅リフォームローン
- □ 自動車（マイカー）ローン…など

担保が不要なもの

- □ クレジットカードのキャッシング
- □ カードローン
- □ 学資（教育）ローン…など

この他にも
用途を制限しない「フリーローン」や
個人経営者向けの「事業ローン」
などもあります

8 「信販会社」って何だろう？

本来は信用販売をする会社

◉——信販会社は手数料が儲け

信販会社とは、信用販売をする会社です。「信用」とは「お金の支払いを待ってあげる」という意味で、融資とほぼ同義です。実際には、分割払いと考えればいいでしょう。

たとえば、一〇〇万円の車を買おうとして一〇〇万円の現金を払えない人は、九万円の一二回払いというような分割払いを選択します。このとき、自動車ディーラーと購入者との間に入っているのが信販会社で、信販会社が自動車ディーラーに一〇〇万円払う一方、購入者からは分割払いで代金を回収するのです。

支払金額と受け取る金額との差が信販会社の利益ですが、これは「お金の支払いを待ってあげる」手数料、実質的には金利となります。このように、個々の取引ごとに契約するやり方を、「個品斡旋《あっせん》」といいます。

なお、クレジットカードで買い物をしたときに「分割払い」を選択すると、これも信用販売となります。クレジットカードを使うことで、毎回毎回、契約書を作成する必要はありませんが、このようなやり方を「総合斡旋」といいます。

信販会社とは?

信販会社
「分割払い」のとき、間に入る会社
たとえば
100万円の車
を購入するとき…

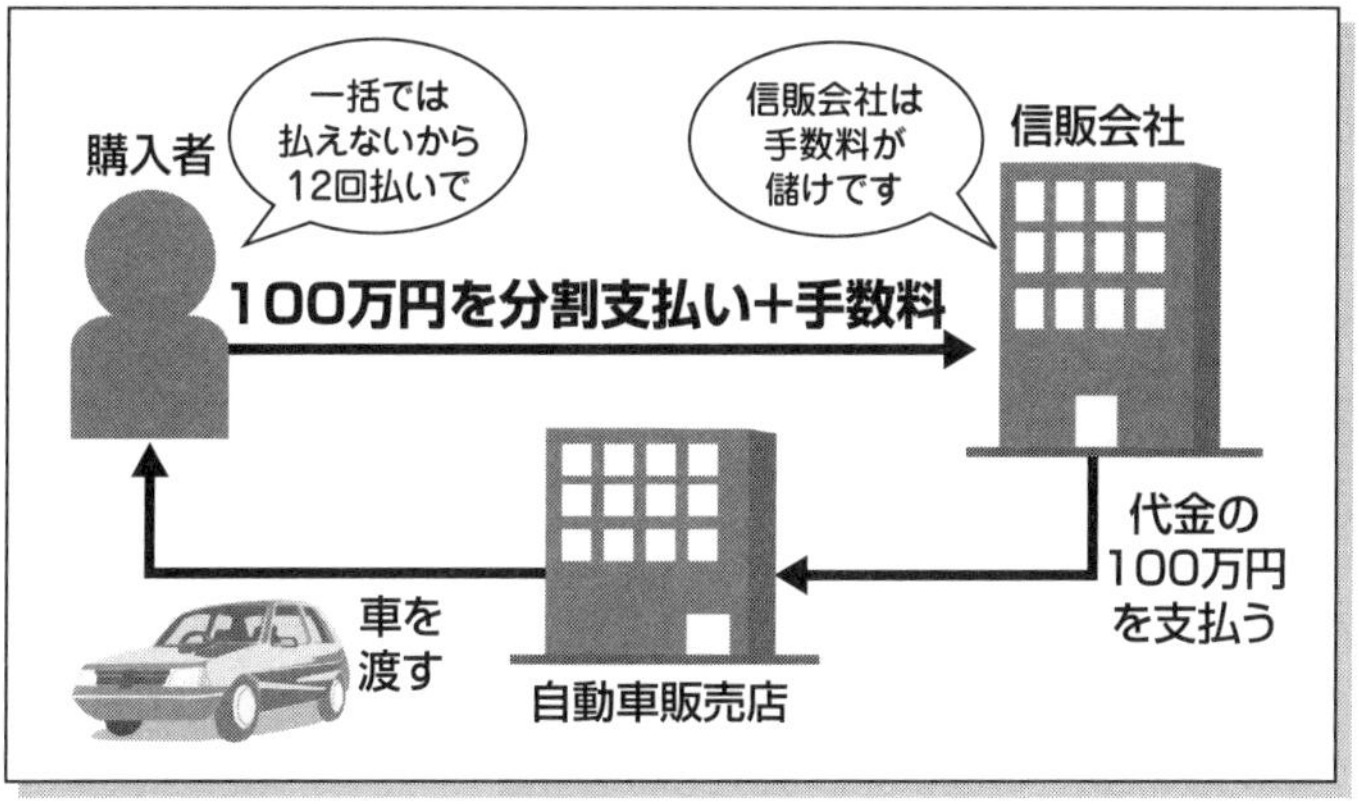
購入者
一括では
払えないから
12回払いで
信販会社は
手数料が
儲けです
信販会社
100万円を分割支払い+手数料
代金の
100万円
を支払う
車を
渡す
自動車販売店

クレジットカードの分割払いでも同じ

9 「ノンバンク」って何だろう?

銀行ではない。預金は集めず、融資のみ行う

◉──資金調達の方法は銀行からの借り入れ

ノンバンクとは、融資をビジネスにする一方で、預金を集めてはいけない人たちの総称です。これは、ほぼ世界中で共通するのですが、預金を集められる銀行というステータスは、簡単に取れるものではありません。でも、お金を貸すことにはあまり制限はありません。

それでは、どうやって資金を調達するのでしょうか?

ノンバンクが融資をビジネスにしているのであれば、融資をするためのお金が必要です。一般的には、このお金は銀行などからの借り入れでまかなわれます。

また、社債を発行して資金を調達することもありますし、証券化という金融技術を利用する例もあります。

なお、日本では、ノンバンクが社債を発行して調達した資金を融資に用いてはいけないのが原則で、似たような法律を持つ国は他にもあります。

ただ、例外規定があるのも比較的万国共通で、日本でも多くのノンバンクが社債などの発行による資金で融資をしています。

ノンバンクとは?

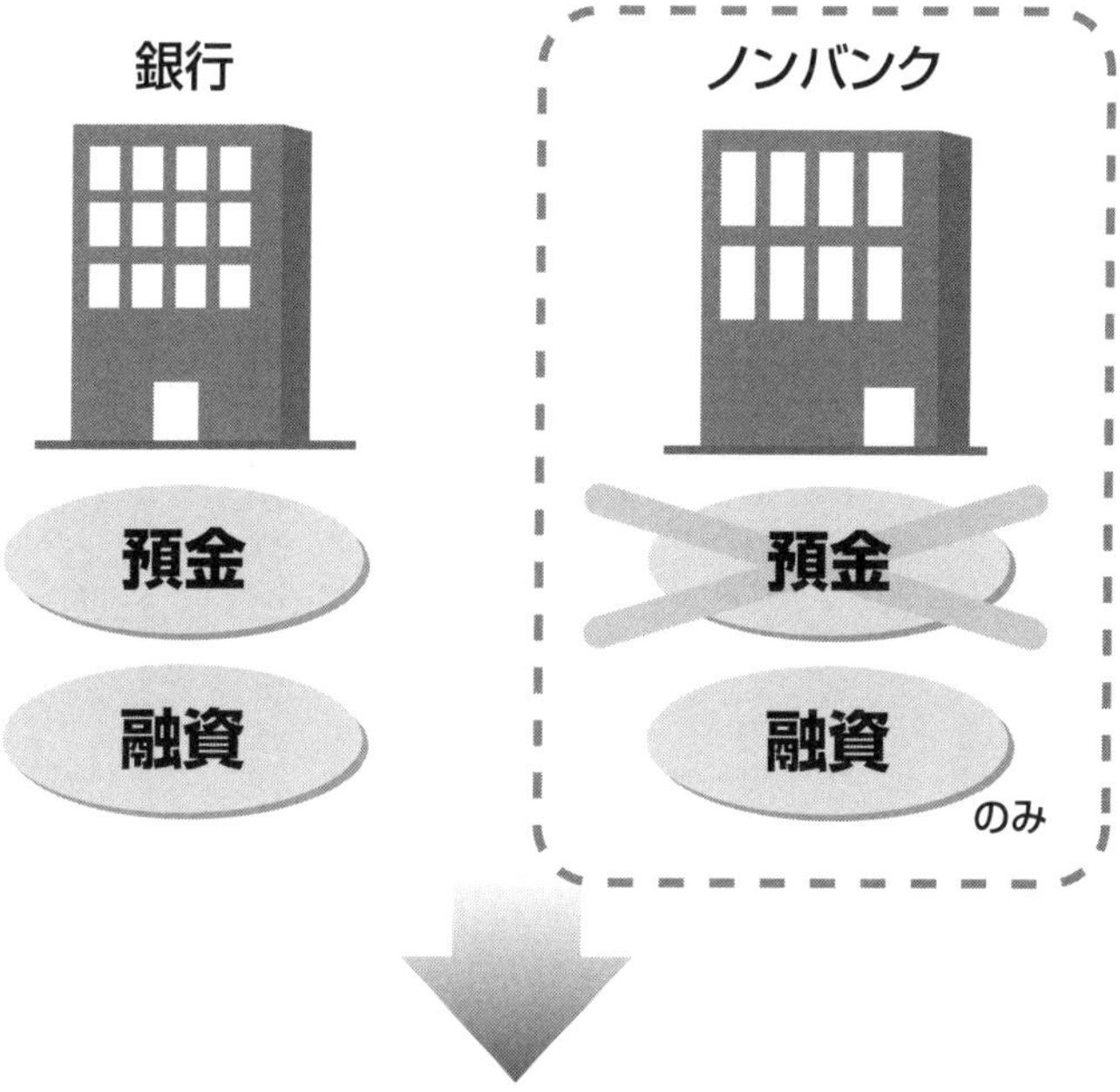

ノンバンクは融資のみ行う

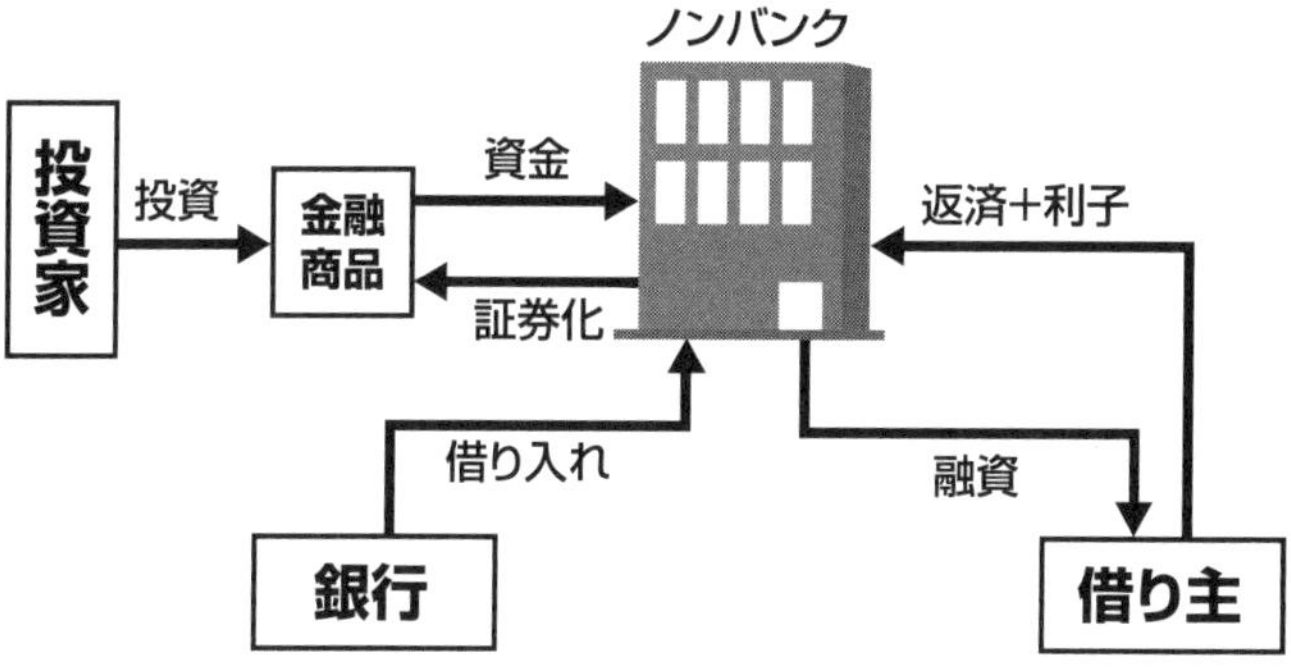

10 「リース会社」はノンバンクなの？

お客に融資をしているのと同じ

◉──リース料収入を得る「オペレーティング・リース」

リース会社というのは、リースをビジネスにしている会社です。

実は、リースには二種類あります。私たちが普通にイメージするリース、つまり、必要な期間だけ借りて、不要になったら返却するものは「**オペレーティング・リース**」と呼ばれるもので、長期レンタルと同じです。

リース会社は、できるだけ多くの人に借りてもらえれば、リース料収入が増え、購入価格を上回れば利益となります。ただ、こちらの種類のリースは、実は多くありません。

◉──本業は「ファイナンス・リース」のほう

リース会社の本業は、むしろ「**ファイナンス・リース**」であるといえます。ファイナンス・リースとは、お客さんが大型の機械などを導入する際、リース会社から「借りる形」にするものです。つまり、リース会社が購入代金を払ってモノを取得し、そのモノを「長期間」お客さんに貸してリース料を取ります。

では、リース期間が終了したら、お客さんはこのモノをリース会社に返すでしょうか？

実際には、このモノはほぼ「使い切る」、つまり、リース期間が終了するときにはもう価値がなくなっているのが原則です。つまり、このモノは最初から最後までお客さんが使うわけで、その意味では、お客さんがこのモノを買ったのと同じことです。

では、なぜリース会社が間に入るのでしょう？

税金などの難しい議論を除くと、お客さんが購入代金を全額、一度に払うのではなく、リース料という形で分割払いができるようにするためです。先ほど見た信販会社の役割と同じですね。

ファイナンス・リースとは「ファイナンス」、つまり金融の取引なのです。

ファイナンス・リースは、お客さんからすると、リース会社から融資を受けてモノを購入し、その融資を返済していくことと効果は同じ、リース会社からすると融資をしているのと同じです。ということで、リース会社もノンバンクなのです。

リース会社も信販会社も同じですが、お客さんと売り手との間に入って、まず代金を支払い、その後時間をかけて回収するということは、その期間の資金調達が必要です。

索引

あ行

か行

さ行

た行

な行

は行

<著者プロフィール>
永野 良佑 (ながの りょうすけ)

金融アナリスト、評論家。外資系金融機関でデリバティブを駆使した金融商品の開発に長期従事。著書に『金融の基礎知識100』(PHP研究所)、『金融がやっていること』(筑摩書房)、『セールスマンが教えてくれない金融商品のしくみ』(中央経済社)、『プロが絶対買わない金融商品』(扶桑社)、『世界一わかりやすい金融の教科書』(秀和システム)などの一般向け書籍や、『実践ストラクチャード・ファイナンス』『ファイナンスの実務と法』(以上、中央経済社)、『法律家のための会計入門』(国元書房)など専門書の著作があるほか、エッセイ、論文など多数。

ryosuke.nagano@gmail.com

これだけは知っておきたい「金融」の基本と常識 [改訂版]

2018年 4月18日　初版発行
2023年10月29日　4刷発行

著　者　永野良佑
発行者　太田　宏
発行所　フォレスト出版株式会社
〒162-0824 東京都新宿区揚場町2-18　白宝ビル7F
電話　03-5229-5750(営業)
　　　03-5229-5757(編集)
URL　http://www.forestpub.co.jp

印刷・製本　萩原印刷株式会社

ISBN978-4-89451-799-8　Printed in Japan